Ende mit Hopsasa und Trallala

*Meinen Kindern Severine, Isabelle, Fabian und ihrer
wunderbaren Generation*

HERMANN SEVERIN

Ende mit Hopsasa und Trallala

Die Welt aus den Fugen

oder

Wir schaffen das

Ein Zwischenruf

Bibliografische Information der Deutschen Nationalbibliothek
Die Deutsche Nationalbibliothek verzeichnet diese Publikation in
der Deutschen Nationalbibliografie; detaillierte bibliografische Daten
sind im Internet über http://dnb.dnb.de abrufbar.

© 2017 Hermann Severin
Coverdesign, Herstellung und Verlag: BoD – Books on Demand
ISBN 978-3-7448-7616-2

Inhalt

»*Liebe Nachwelt,*
wenn Ihr nicht gerechter, friedlicher und überhaupt vernünf-
tiger sein werdet, als wir sind bzw. gewesen sind, so soll Euch
der Teufel holen.«

Albert Einstein

»*Ein allgemeiner Fehler der Menschheit ist, nicht in Zeiten*
der Meeresstille mit dem Sturm zu rechnen.«

Niccolo Machiavelli

Liebe Leserin,
lieber Leser,

warum habe ich diesen Essay geschrieben?

Ich habe als Rechtsanwalt gearbeitet und war einige wenige Jahre politisch aktiv.

Ich habe den sicheren Eindruck, dass sich unsere Politiker und diejenigen, die in den Medien berichten und Meinung verbreiten, in einer Echokammer befinden, ohne sich dessen bewusst zu sein oder es gewollt zu haben.

Ihre Wahrnehmung der Wirklichkeit ist dadurch stark verzerrt. Sie beschäftigen sich miteinander und bestätigen sich gegenseitig. »Das Volk da draußen« (Diktion der Gefangenen in dieser Echokammer) wird als Objekt der Belehrung und der Manipulation wahrgenommen, nicht als zahlender Auftraggeber.

Diejenigen, die sich beworben haben und beauftragt wurden, Probleme zu lösen, sind zum Problem geworden.

Ich werfe einen Stein, um einen Beitrag zu leisten, die Wände der Echokammer von außen zu zerbrechen, nicht um jemanden zu verletzen.

Ihr
Hermann Severin

Ausgangslage:

Was bewegt mich, diesen Zwischenruf zu machen?

Es ist der Zorn darüber, dass unsere politische Diskussion der Einfachheit und Klarheit aus dem Weg geht und sich in immer weitere Komplikationen verstrickt.

Es ist der Zorn darüber, dass an die Stelle der Information die Desinformation tritt.

Es ist das fassungslose Staunen, wie eine Hopsasa- und Trallala- Gesellschaft die Gegenwart verwaltet und die Zukunft nicht gestaltet.

Es ist das völlige Unverständnis dafür, wie wir ohne Berücksichtigung geschichtlicher Zusammenhänge die gegenwärtigen Probleme zu bewältigen versuchen.

Wenn es nicht Unvermögen ist, sondern Strategie, dann hat sie das Ziel, nichts entscheiden zu müssen und den jetzigen Zustand zu erhalten und maximal an verschiedenen Stellschrauben nachzujustieren.

Dies ist doch nicht ganz schlecht, sagen Sie?

Sehr wohl, meine ich! Dieser Weg ist fatal. Während er vorgibt, Gefahren und Risiken zu minimieren, führt er direkt in ein die Gesellschaft existenziell bedrohendes Minenfeld.

Ich übertreibe?

Schauen wir uns die Ausgangslage kurz genauer an:

Innenpolitisch lavieren wir uns ohne Konzept und Richtung durch und beschäftigen uns damit, ein zufällig nach oben gespültes Problem irgendwie zu entschärfen. Meistens geschieht dies dadurch, dass wir es zerreden und ungelöst lassen, weil ein anderes sich nach vorne schiebt und unsere Aufmerksamkeit ablenkt.

Die Außenpolitik haben wir von den geschichtlichen Entwicklungen abgekoppelt und erwarten, dass sich die ganze Welt irgendwie in Richtung unserer Vorstellungen von Demokratie und Freiheit entwickelt. Voller Unverständnis blicken wir auf Weltregionen, die mit unseren Begriffen nichts anfangen können oder sie keineswegs attraktiv finden.

Dabei haben wir uns in der »westlichen Wertegemeinschaft« eine Arroganz angewöhnt, die uns unfähig macht, andere Vorstellungen überhaupt wahrzunehmen, geschweige denn zu ertragen.

Da überrascht es nicht, dass wir mit der Behauptung, Demokratie, Freiheit und Wohlstand zu exportieren, ganz andere Interessen verfolgen und in der übrigen Welt als gottverdammte Heuchler angesehen werden.

Wir ermutigen andere Gesellschaften für »unsere Werte« zu kämpfen (z.B. Maidan und arabischer Frühling), begleiten deren verzweifelten Kampf mit unseren guten Wünschen und richten unseren Blick wieder woanders hin, wenn wir nicht sehen können, was wir angerichtet haben.

Wir meinen, uns dies leisten zu können. Schließlich gehören wir ja dem nach eigener Einschätzung mächtigsten Militärbündnis der Welt an.

Dabei sind unsere Angebote nicht einmal ehrlich. Echte Geschwisterschaft bieten wir nicht an, sondern herablassende Aufnahme in die Familie auf Bewährung, maximal Adoption, unter der Voraussetzung, dass die bestehenden Regeln übernommen und eingehalten werden.

Wir sind dabei, alle Chancen, die das Ende des Kalten Krieges und die Auflösung des Ostblocks und der Sowjetunion eröffnet haben, in beispielloser Geschichtslosigkeit zu verspielen.

Wir sind weder gerechter, friedlicher, noch vernünftiger als die Generationen vor uns. Im Gegenteil! Wenn sich der Fluch Albert Einsteins bewahrheitet, wird uns auf diesem Weg der Teufel holen.

Dabei haben wir es in unserer Hand, dies zu verhindern.

Wenn wir es durch den Gebrauch unserer Vernunft allein nicht schaffen, dann können wir in der Natur ein Beispiel finden. Die Matrix des Überlebens finden wir dort.

Alle Organismen würden zu lebensunfähigen Zellhaufen zerfallen, wenn sie sich so unintelligent verhielten, wie wir unser Zusammenleben auf dem Planeten Erde organisieren. Wir suchen unsere Identität in der Abgrenzung:

Hie Welf, hie Waiblingen! Hie Katholik, hie Protestant! Hie Christ, hie Moslem! Hie Europäer, hie Afrikaner. Hie Kultur, hie Barbarei. Hie Freund, hie Feind! Oder neuerdings: America first!

Der unvernünftige Organismus regelt diese Probleme durch Osmose und permeable Membranen.

Wohin uns unsere Heuchelei führt, sehen wir am Ausgang der amerikanischen Wahlen 2016. Donald Trump konnte nur auf derjenigen Leiter hochklettern, die die Profis aus Politik und Medien in Jahrzehnten gezimmert haben.

Zusammenhalt und Abgrenzung

Unsere Gesellschaft besitzt ein sehr starkes Gefühl der Zusammengehörigkeit. Dies hat sie im Zeitraum von zwei Generationen zweimal bewiesen: bei der Gründung der Bundesrepublik im Jahre 1949 und bei der Wiedervereinigung im Jahre 1990.

Nach einer beispiellosen zivilisatorischen Katastrophe, für die der Name Auschwitz steht, und nach der Aufteilung des Landes in vier Besatzungszonen, fiel die Gesellschaft nicht auseinander, sondern konstituierte sich neu.

Das Grundgesetz wurde allerdings mit einem Schönheitsfehler geboren. Es wurde damals nur von einer handverlesenen Elite beraten und beschlossen und der Gesellschaft nie zur Abstimmung vorgelegt.

Ähnliches wiederholte sich im Jahre 1990. Vierzig Jahre Trennung als Frontstaaten in zwei sich feindlich gegenüberstehenden Systemen haben nicht vermocht, das Gefühl der Zusammengehörigkeit zu vernichten. Die Gesellschaften haben sich vereinigt. Auch diesmal wurde die Verfassung nicht von der Gesellschaft beraten, sondern die bisherige weiterverwendet, und die Vereinigung zweier Gesellschaften als Eintritt der kleineren in die größere behandelt.

Sie sagen, was soll es? Funktioniert doch.

Richtig. Die Legitimation ist durch widerspruchslose Annahme und Praxis eingetreten, argumentieren die Staatsrechtler. Unabhängig davon, ob dies richtig ist, zeigt es eine wichtige Eigenschaft unserer Gesellschaft.

Wir sind eine Widerspruchsgesellschaft, keine Gestaltungsgesellschaft.

Begehren wir nicht auf und nehmen eine Regelung hin, dann tritt Legitimität ein. Nach der geläufigen Maxime:

Wer schweigt, stimmt zu.

Die Gesellschaft hat sich daran gewöhnt, ihre Gestaltungsmacht nicht auszuüben und erst dann tätig zu werden, wenn sie mit der Art der Ausübung dieser Macht durch die Delegierten (Parteien) nicht einverstanden ist. Dies ist außerordentlich bequem, hat nach der Euphorie des Jahres 1990 bei vielen zu enttäuschter Ernüchterung geführt und ist brandgefährlich, denn diese Übung widerspricht nicht nur den Grundprinzipien unserer Verfassung, sondern spaltet die Gesellschaft in Akteure und Publikum.

Nach unserer Verfassung wirken die Parteiorganisationen an der politischen Willensbildung mit, sie bestimmen sie nicht.

Ist das die Realität? Haben nicht vielmehr die Parteien die Theaterbühne erobert und gestalten die Aufführung, während sich die Gesellschaft als Publikum im Zuschauerraum eingerichtet hat?

Bundespräsident Richard von Weizsäcker meinte dazu, die Parteien haben den Staat als Beute genommen (1982) und der jüngst verstorbene Bundespräsident Roman Herzog forderte die Gesellschaft auf, einen Ruck durch Deutschland gehen zu lassen (1997).

Diese Politiker schauten verwundert auf die Gesellschaft

und konnten nicht verstehen, dass sich angesichts dieser Rollenverteilung kein Widerspruch regt.

Man könnte meinen, die Leute sind eben zufrieden damit, wie es ist. *Wer schweigt, stimmt zu.*

Trifft diese Bewertung zu oder ist es nicht viel gefährlicher, als es die beiden Bundespräsidenten wohl sahen?

Sie wunderten sich öffentlich, dass die Gesellschaft bei ihrer geradezu provokativen Entmachtung nicht in Bewegung kommt und schweigt. Resignierend zuckten sie mit den Schultern: *Ja, wenn die das so wollen. Wir haben jedenfalls darauf hingewiesen.*

Der entscheidende Punkt wurde aber nicht gesehen:

Der Satz, w*er schweigt, stimmt zu*, der die Legitimität unserer Widerspruchsgesellschaft begründet, ist nämlich falsch.

Es gibt viele Gründe, zu schweigen. Das stillschweigende Einverständnis mit den bestehenden Zuständen ist nur einer davon. Es kann ein Schweigen aus tiefster Verzweiflung, aus dumpfer Dummheit, aus feiger Faulheit und auch aus verantwortungsbewusster Klugheit sein. Dem Schweigen sieht man sein Motiv nicht an.

Das gefährliche Schweigen ist das derjenigen, die schweigend das Theater verlassen haben, denn unser Blick richtet sich nur auf die Bühne und den Zuschauerraum. Wer sich nicht dort befindet, ist aus dem Blickfeld verschwunden.

Im Theater sieht man, ob Zuschauer gehen oder gegangen sind.

Es bleiben leere Stühle. Und Schauspieler, die vor einem halb leeren Haus spielen, bekommen ein ungutes Gefühl. Diejenigen, die unserer Gesellschaft den Rücken kehren, also das Theater verlassen, hinterlassen aber keine leeren

Stühle. Sie bezahlen sogar weiter. Man könnte meinen, das Haus sei voll.

Nur bei Wahlen halten wir erschrocken inne und fragen überrascht, warum so viele Wahlberechtigte nicht zur Wahl gegangen sind.

Dann beruhigen wir uns wieder: *Wer schweigt, stimmt zu* und ahnen doch, dass dies nicht stimmt.

Manche fordern hilflos und bevormundend die Einführung der Wahlpflicht, denn sie spüren, dass Schweigen bedrohlich sein kann.

Sind wir uns bewusst, dass zwischen der Bühne und dem Parkett eine Wand entstanden ist und sich der Zuschauerraum zu leeren beginnt? Dass die Akteure auf der Bühne vor zunehmend leeren Rängen spielen und sich immer mehr Menschen außerhalb des Theaters befinden? Dass die Berichterstattung aus dem Theater nur noch diejenigen erreicht, die sich noch im Publikum befinden und nicht mehr diejenigen, die das Theater teils gelangweilt, teils angewidert verlassen haben?

Was soll das, fragen Sie. Die Tür steht doch offen. Jeder kann in das Theater kommen. Die Aufführung ist öffentlich. Jeder kann mitspielen. Jeder kann Beifall geben oder buhen. Keiner muss gehen. Keiner wird des Saales verwiesen.

Ein Theaterintendant, der so argumentiert, würde wegen realitätsferner Überheblichkeit das Ende der Saison in seiner Funktion nicht überstehen.

Es gibt eben Menschen, die kein Interesse an Theater haben, wenden Sie ein. Was können die armen Schauspieler dafür?

Schauen wir uns die Leute genauer an, die das Theater verlassen haben und diejenigen, die drinnen geblieben sind.

Die gespaltene Gesellschaft

Im Theater befinden sich die Schauspieler, die Berichterstatter und das interessierte Publikum. Die Schauspieler gestalten die Aufführung, die Berichterstatter begleiten die Aufführung mit Report und Kritik und haben für sich eine Nebenbühne errichtet, und die Zuschauer bestimmen, welche Schauspieler welche Rollen besetzen sollen.

Außerhalb des Theaters sind diejenigen, die sich grundsätzlich bei solchen Veranstaltungen langweiligen und solche, die sehr interessiert den Aufführungen gefolgt sind, aber nach Erreichen ihrer Schmerzgrenze das Festspielhaus frustriert mehr oder weniger fluchtartig verlassen haben.

Die erste Gruppe vermisst das Theater nicht.

Die zweite zerfällt in zwei Untergruppen:

Die eine Gruppe hält Spielplan, Regie und Besetzung für grundfalsch, sieht aber keine Chance, etwas zu ändern. Ihre Mitglieder versammeln sich vor dem Theater, ohne sich selbst auf einen alternativen Spielplan einigen zu können. Sie verbindet die Überzeugung, dass das, was da drinnen stattfindet, unerträglich ist. Sie sammeln Steine und anderes Zerstörungsmaterial, um das Theater von außen zum Einsturz zu bringen.

Die andere hat die Hoffnung verloren, dass ihnen die Aufführung gefallen könnte und halten das weitere Verweilen im Theater für verlorene Zeit, die sie besser anderweitig nutzen. Sie zerstreuen sich und gehen ihren Geschäften nach. Sie werden das Theater nicht angreifen und nicht verteidigen.

Wenn diese Gruppen, die sich aus dem Theater hinausbewegt haben, eine kritische Größe erreichen, wird es für diejenigen im Innenraum ungemütlich, ja gefährlich.

Was soll es, könnte man sagen. War doch immer so.

Eine Gesellschaft verkrustet, verliert Mitglieder, wird durch eine Revolution umgekrempelt, verkrustet wieder und dann beginnt der Kreislauf von vorne. Was hat sich geändert?

Geändert haben sich die Kommunikationsmittel und die Waffen.

Bereits im Jahre 1968 – ohne Handy, Twitter usw. – griffen die Unruhen ausgehend von Paris über Deutschland bis Prag über.

Den Älteren von uns sind die Siebzigerjahre des vorigen Jahrhunderts mit den Gewalttaten des Baader-Meinhof-Gefolges noch in Erinnerung. Bereits damals verbanden sich deutsche Antisoziale mit palästinensischen Terroristen (Entführung der »Landshut«).

Heute ist der Terror global, die Kommunikation kann nicht verhindert werden, und die Waffen der Staaten und der Revolutionäre sind mit denen vor vierzig Jahren nicht vergleichbar.

Bleiben wir dabei, immer wieder mit Zwang und Waffengewalt feststellen zu wollen, wer im Augenblick der physisch Stärkere ist, so soll und wird uns auf diesem Weg der Teufel holen. Albert Einstein hat es uns drastisch in das Stammbuch geschrieben, und er wusste, wovon er sprach.

Folgen wir doch seinem Hinweis, gebrauchen wir unsere Vernunft und schaffen eine intelligente Gesellschaft, die Menschen nicht aus ihr vertreibt, solange noch Zeit dafür ist.

Gestalten wir also den Spielplan und die Regie so, dass wir diesen verderblichen Kreislauf unterbrechen und das Theater für möglichst viele attraktiv halten.

Ende der Reparaturen

Die Regierung in einer demokratischen Gesellschaft braucht die Unterstützung der Mehrheit derer, die sich artikulieren. Verliert sie diese, wird sie abgewählt. Hat sie selbst kein Programm, dem sie sich verpflichtet fühlt, reagiert sie, wenn sich einflussreicher Widerstand regt, mit Anpassung der geltenden Regelungen an die gewünschten. Für die besonderen Auswüchse dieser Praxis haben wir das Wort »Klientelpolitik« geprägt. Dies führte dazu, dass ein ursprünglich in sich geschlossenes logisches System abgeändert, mit vielen Ausnahmeregelungen versehen und in Teilbereichen immer engmaschiger und kasuistischer geworden ist.

Um die Menschen zu einer positiven Entscheidung zur Gesellschaft hin und nicht zu einer negativen aus der Gesellschaft hinaus zu bewegen, bemüht sich der Staat als Gesetzgeber durch Veränderung der Spielregeln gesellschaftlichen Entwicklungen gerecht zu werden oder diese sogar zu steuern.

Die Folge dieser gut gemeinten Abänderungen ist, dass wir zwischenzeitlich eine Unsumme von sich permanent verändernden Gesetzeswerken erhalten haben, die nicht einmal mehr von Fachjuristen zuverlässig durchschaut, geschweige denn beherrscht werden können.

Der verstorbene frühere Bundeskanzler Helmut Schmidt, nicht der Einfalt verdächtig, hat eingeräumt, dass er nicht in der Lage ist, seine Steuererklärung selbständig zu erstellen. Nicht etwa wegen seines Alters, sondern wegen der Komplexität der Regelungen.

Diese Kalamität trifft auf alle Lebensbereiche zu.

Ein Bauherr kann die auf das jeweilige Bauwerk einschlägigen Bauvorschriften nicht mehr übersehen.

Ein Arzt, der sich auf seine medizinische Kunst konzentrieren sollte, benötigt für die Abrechnungen mit der Krankenkasse eine ausgebildete Fachkraft und einen juristischen Berater, um sich vor Haftungsansprüchen zu schützen.

Ein Prozessanwalt, der sich in den Prozessordnungen auskennt, zieht einen Fachjuristen hinzu, wenn er auf einem bestimmten Rechtsgebiet agiert.

Jedes einzelne Mitglied der Gesellschaft soll aber alle Gesetze einschließlich der einschlägigen Verordnungen kennen, denn Unkenntnis schützt vor Strafe nicht.

Von einem Vater eines minderjährigen Kindes, der mit dem Auto zu seiner Arbeitsstelle fährt, wo er als Angestellter Möbel verkauft, wird erwartet, dass er sich im gerade aktuellen Familienrecht, Jugendschutzrecht, Straßenverkehrsrecht, Arbeitsrecht, Vertragsrecht, Kaufrecht und Gewährleistungsrecht auskennt. Außerdem selbstverständlich im Abgaben- und Steuerrecht und im Strafrecht, inklusive der Ordnungswidrigkeiten.

Anwälte und Richter haben sich auf bestimmte Rechtsgebiete spezialisiert und sind gemeinsam mit den Politikern eifrig dabei, jeweils in ihren Rechtsgebieten immer weitere Verfeinerungen zu formulieren. Mit Querverweisen von einem Rechtsgebiet zum anderen, als wäre die Ausformung der Gesetze und das Funktionieren eines Rechtsstaats eine anspruchsvolle, faszinierende akademische Doktorarbeit.

Tatsächlich aber hat sich der grundgesetzlich garantierte Rechtsstaat in bester Absicht so verkompliziert, dass er dem Anspruch, Rechtsstaat zu sein, nicht mehr genügt. Er hat sich und seine Bürger in einem Gewirr von Vorschriften gefesselt, das zunehmend nicht mehr als Rechtsfrieden stiftend, sondern als kontrollierend, einengend, undurchschaubar, bevormundend, ja geradezu schikanierend angesehen wird.

Kann der Bürger die Unmenge von Regeln überhaupt noch kennen, denen er unterworfen ist? Kann er erahnen, wie er sich zu verhalten hat, um gesetzestreu zu sein?

Wird nicht sogar das Handeln der umfangreich beratenen Regierungen vom Verfassungsgericht in beängstigendem Maße häufig als verfassungswidrig getadelt?

Hat der Staat mit seinem Gesetzesgewirr nicht selbst die Grenzen eines überschaubaren Rechtsstaats überschritten?

Die logische Folge ist, dass die Gesellschaft dem Staat entgleitet.

Dieses Unbehagen, das sich oberflächlich als Beschimpfen einer überbordenden Bürokratie zeigt, gibt es nicht nur in unserer Gesellschaft, und so tritt das Phänomen ein, dass die Staaten ihre Ordnungsfunktion im Konzert der Gesellschaften auf dieser Erde nicht mehr wahrnehmen, und diese deshalb in immer schnellerem Tempo in über- und außerstaatliche Interessengruppen zerfallen. Auch dafür haben wir einen Namen gefunden. Wir nennen sie grenzüberschreitende »Global Players«.

Dieser Entwicklung stellt der Staat seine Forderung entgegen, der Vorrang der Politik gegenüber der Macht der Interessengruppen müsse wiederhergestellt werden. In dieser Forderung ist das Zugeständnis enthalten, dass sich bedeutende Teile der Gesellschaft bereits verselbständigt haben. Wird aber nicht übersehen, dass der detailversessene Staat in seinem Regelungseifer die argumentative Überzeugungskraft zur eigenen Rechtfertigung bereits verloren hat? Er erkennt seinen Autoritätsverlust und meint ernsthaft, man könne verlorene Autorität durch weitere Kontrollen wiedergewinnen.

Warum führe ich diesen Gedankengang aus?

Weil sich aus dieser Entwicklung das Anwachsen der Fliehkräfte aus der Gesellschaft erklärt.

Ein weiteres Reparieren durch immer neue Gesetze führt in die Irre, denn die Unüberschaubarkeit und damit die Entfremdung wird immer größer.

Gehen wir diesen unintelligenten Weg weiter, dann verkomplizieren wir durch immer neue Vorschriften und Kontrollen das Zusammenleben in der Gesellschaft und zwischen den Gesellschaften bis zu deren Kollaps. Treffen auf die wohlmeinenden politischen Reparateure, die aus ihrem unerschöpflichen Handwerkskasten immer neue Vorschriften und Durchführungsbestimmungen herausholen, nicht die Worte zu, die Goethe Mephisto sagen lässt, nur umgekehrt? Sind sie nicht ein Teil von jener Kraft, die stets das Gute will und doch das Böse schafft?

Was ist also zu tun?

Wir sollten uns in diesem Fall ein Beispiel an einem Autokonzern nehmen. Der Käfer lief und lief und lief. Und trotzdem fällte die Geschäftsleitung die Entscheidung, dass Verbesserungen am Käfer keinen Sinn mehr machten und stellte die Produktion ein. Eine neue Generation Auto musste gebaut werden.

Sicher wurde der Käfer von vielen Ingenieuren verteidigt. Die Weitsichtigen setzten sich über diese Einwendungen hinweg und öffneten das Tor für die weitere Entwicklung.

Heute wissen wir, dass diese Entscheidung richtig war.

Von den Verteidigern unseres Staates in seiner jetzigen Verfassung hören wir, er sei doch der beste, den wir je auf deutschem Boden hatten. Wissen diese Apologeten, dass sie als Vergleichsobjekte das Kaiserreich, die Weimarer Republik und das Dritte Reich heranziehen?

Die im Jahre 1949 beschlossene Verfassung hat ihre Aufgabe erfüllt, und das im Jahre 1900 in Kraft getretene Bürgerliche Gesetzbuch hat gute Dienste geleistet.

Aber machen weitere Reparaturen und Nachjustierungen an diesen Werken noch einen Sinn, oder brauchen wir eine neue Generation Staat für unser Jahrhundert?

Wir haben alle Voraussetzungen, ihn zu schaffen.

Wir brauchen ein Regelwerk aus einem Guss, das sicher wieder verändert wird, wie wir das jetzige verändert haben.

Nach einigen Generationen wird auch dieses Geflecht ausgedient haben und einen Nachfolger bekommen.

Sie sagen, man wechselt doch Verfassungen und Gesetzeswerke nicht wie Hemden?

Doch, wenn sie nicht mehr passen! Oder wollen Sie am Hemd die Ärmel verlängern/verkürzen, den Kragen wenden und erweitern/ verengen und die Knopfleiste um den Bauch versetzen?

Die Figur der Gesellschaft hat sich verändert. Das spricht nicht gegen das alte Hemd.

Wir brauchen ein neues, das uns passt und das wir gerne tragen.

Können wir mit Souveränität und Entschlossenheit nicht ein neues schneidern?

In unserer Gesellschaft sind das Wissen und das Können vorhanden.

Was, außer unserer Bequemlichkeit, müssen wir überwinden, um uns an diese Aufgabe zu wagen?

Nichts fördert mehr die Gemeinsamkeit und Zusammengehörigkeit als die Arbeit an einem großen Werk.

Bei den Hochwassern der letzten Jahre haben die Menschen zusammengehalten und sich gemeinsam gegen die Wassermassen gestemmt.

Warum sollte nicht eine viel größere Aufgabe zu bewältigen sein, die mindestens genauso wichtig ist?

Von der Widerspruchs- zur Gestaltungsgesellschaft

Der Staat ist eine Funktion der Gesellschaft. Die Gesellschaft bildet sich aus einzelnen Menschen. Damit diese geordnet miteinander umgehen können, geben sie sich Spielregeln. So rechtfertigt sich das Gebilde des Staats.

Der Staat dient also der Gesellschaft, er beherrscht sie nicht.

Dieses Bewusstsein ist Voraussetzung dafür, dass sich die Gesellschaft um den Staat und seine Verfasstheit kümmert.

Es ist die Verantwortung des Eigentümers über sein Hab und Gut. Kümmert sich der Eigentümer nicht, dann verlottert das Anwesen.

Um sich kümmern zu können, benötigt der Eigentümer Zugriffsrechte und die Bereitschaft und Fähigkeit, Verantwortung zu übernehmen.

Wir haben uns daran gewöhnt, unsere Verantwortung zu delegieren, einen Verwalter einzusetzen, der sich um den Staat kümmern soll und beständig über ihn zu murren.

Der Verwalter seinerseits gibt uns regelmäßig einen Rechenschaftsbericht, von dem wir wissen, dass er frisiert ist und hält uns so weit als möglich von den Geschäften fern.

Dass die Gesellschaft diesen Zustand hinnimmt, hat die

beiden Bundespräsidenten verwundert, lässt sich durch die Geschichte aber begründen.

Vor – in geschichtlichen Maßstäben gedacht – kurzer Zeit lebten die Menschen im Reich eines Herrschers, der den Leuten tatsächlich einredete, dass er von Gottes Gnaden Eigentümer der Macht sei. Ihre Aufgabe sei es, zu gehorchen. Ruhe sei die erste Bürgerpflicht. Alles andere störe die göttliche Ordnung und werde bestraft: Mit irdischen und göttlichen Strafen.

Das Blut vieler intelligenter und mutiger Menschen, die von den Herrschern und ihren charakterlosen Helfern erschlagen wurden, war nötig, um diesen hanebüchenen Unsinn aus unserer Welt zu vertreiben.

Diese Menschen haben die Verhältnisse verändert. Wir stehen heute auf dem von ihnen geschaffenen Fundament, dass alle Macht vom Volke ausgeht.

Damit dieser Satz keine hohle Phrase ist, muss das Volk diese Macht ausüben.

Machtausübung im negativen Sinn bedeutet, etwas niederzureißen, zu verhindern. Im positiven Sinn, etwas aufzubauen, zu gestalten.

Wenn wir also dieser Männer und Frauen, die für eine freiheitliche Gesellschaft ihr Leben gelassen haben, wert sein wollen, dann müssen wir unsere Gestaltungsmacht ausüben.

Dies ist ein Gemeinschaftswerk, und jeder, der einen anderen daran hindern oder davon ausschließen will, sollte nicht Beifall erwarten, sondern auf Unverständnis stoßen.

In der Politik wurde der Begriff »*Ausschließeritis*« geprägt. Er besagt, dass man mit diesen und jenen zusammenarbeiten und diskutieren wolle, mit gewissen anderen aber nicht.

Diese Arroganz, unabhängig von wem sie ausgeht und gegen wen sie sich richtet, ist zutiefst die Gesellschaft verachtend und sprengt ihre Mitglieder auseinander. Sie ist von innen her *antisozial*.

Immer noch werden im politischen Alltagsgeschäft die Bezeichnungen »sozialistisch«, »kapitalistisch«, »liberal«, «konservativ«, »links« und »rechts« usw. benutzt, um eine politische Vorstellung zu kennzeichnen.

Sind im Hinblick auf die Problemstellungen unserer Zeit solche Etikettierungen noch hilfreich oder eher hinderlich? Dienen sie nicht ausschließlich dazu, unterschwellig Zusammengehörigkeit und Ausgrenzung zu konstruieren, die sachlich nicht mehr zu begründen sind? Handelt es sich etwa um reine Worthülsen? Sollten wir nicht besser deren Inhalt auf den Diskussionstisch kippen und die Hülsen entsorgen? Die Benutzer dieser Bezeichnungen entziehen sich aus Dummheit, Faulheit oder Raffinesse einer fundierten Darlegung ihrer Argumente. Man könnte einwenden, es handle sich bei diesen Begriffen um die Kennzeichnung eines in sich geschlossenen logischen Systems. Mag sein. Aber wegen der Kompromisse, die in einer pluralen Gesellschaft immer gefunden werden müssen, ist die stringente Verwirklichung eines gedanklichen Systems ohnehin nicht möglich, und der Wunsch nach Realisierung also Utopie.

Für die Gestaltung unserer Gesellschaft gibt es nur eine vernünftige Vorgehensweise: Die ehrliche Analyse und die intelligente Lösung.

Zunächst müssen wir eine Kultur des Redens und Zuhörens entwickeln. Dies setzt gegenseitigen Respekt voraus.

Wie soll das funktionieren, wenden Sie ein. Es gibt in jeder Gesellschaft Leute, die für diese Aufgabe völlig ungeeignet, zu dumm, zu faul und zu charakterlos sind. Die weder Respekt haben, noch einen verdienen. Die sich um nichts kümmern, außer höchstens um sich selbst, wenn überhaupt.

Richtig. Die Anzahl dieser Menschen gilt es durch Erziehung und Bildung zu reduzieren. Aber um diese geht es nicht.

Es geht um diejenigen Menschen, die sich durch eine bewusste Entscheidung von der Gesellschaft abwenden, um je nach Begabung und Temperament mit dieser Gesellschaft nichts mehr zu tun haben zu wollen oder sie bekämpfen. Es handelt sich also nicht um die Unfähigen, sondern um die besonders gesellschaftlich Engagierten, die keine Möglichkeit sehen, ihre Vorstellungen in die Gesellschaft einbringen zu können, was sie eigentlich wollen und schmerzhaft vermissen. Und ganz besonders geht es um diejenigen, die kurz vor einer solchen Entscheidung stehen.

Sie alle wieder in die Gesellschaft zu integrieren, ist für die Gesellschaft lebensnotwendig.

Sie ahnt es, handelt aber nicht danach.

Was also treibt die Menschen hinaus? Was gibt ihnen das Gefühl der Ohnmacht und Verzweiflung?

Versuchen wir die ehrliche Analyse und suchen die intelligente Lösung!

Alternativlose Entscheidungen

Immer öfters werden wir mit dem Argument konfrontiert, die Entscheidung einer anstehenden Frage sei alternativlos. Dies soll bedeuten, dass eine echte Wahl zwischen mehreren Optionen nicht getroffen werden kann, da es nur eine einzige Möglichkeit gibt.

Eine Gestaltungsfreiheit liege nicht vor. Eine Diskussion hierüber erübrige sich.

Diese Praxis schaltet die Mitwirkungsmöglichkeit der Gesellschaft aus und enthebt die handelnden Personen der Notwendigkeit, ihr Tun erklären und begründen zu müssen.

Ist aber der Begriff der Alternativlosigkeit nicht ein Ausdruck von mangelnder Fantasie und intellektueller Kreativität? Steckt hinter seiner Benutzung Bequemlichkeit oder politische, taktische Raffinesse?

Selbst der in einen Milchkübel gefallene Frosch besaß mehrere Handlungsalternativen: Er konnte wegen der Ausweglosigkeit seiner Lage seine Schwimmanstrengungen einstellen und ersaufen oder weiterschwimmen, bis ihn die Kräfte verließen oder ihm ein gütiges Schicksal zu Hilfe kam. Dass er die sein Leben bedrohende Milch zu fester Butter strampeln könnte, was ihm ermöglichte, aus eigener Kraft aus dem Kübel zu hüpfen, erkannte er wohl selbst nicht als Option.

In unserer politischen und gesellschaftlichen Praxis nimmt die Zahl alternativlos bezeichneter Entscheidungen beständig zu.

Es ist alternativlos, dass sich die Bundeswehr militärisch an den verschiedensten Orten der Welt engagiert, dass Steuergelder dazu verwendet werden, systemrelevante Banken vor dem Zusammenbruch zu bewahren, dass der Euro als Symbol und Klebstoff der europäischen Einigung gestützt wird.

Die Aufzählung ist beispielhaft und keinesfalls abschließend.

Diese Art der politischen Debattenkultur ist nicht nur dumm, sondern auch gefährlich.

Das Alternativlose ist nämlich der Notwendigkeit einer beständigen Erklärung und Rechtfertigung entzogen. Es erhält ein Gewicht, das alle anderen Argumente erdrückt. Dies führt beispielsweise dazu, dass der historische Einigungsprozess Europas nach dem zweiten Weltkrieg und die Idee, die ihn in Gang gebracht hat, hinter der alternativlosen Rettung von Banken und angeschlagenen Volkswirtschaften zurücktritt und sogar als dienende Begründung dafür missbraucht und diskreditiert wird.

Die Lösung für ein Problem als alternativlos zu bezeichnen, ist intellektuell blamabel und kontraproduktiv, weil das so hoch Schützenswerte durch Tabuisierung in höchste Gefahr gerät, seine Akzeptanz zu verlieren, ohne dass es öffentlich bemerkt wird.

Zweifel an der Richtigkeit werden der Diskussion entzogen, und das durch Tabu geschützte Gebäude wird von innen morsch, während die Fassade glänzt.

Kann in einer lebendigen, intelligenten Gesellschaft

etwas alternativlos sein? Ob sie sich für Alternativen entscheidet und für welche, diskutiert diese Gesellschaft in eigener Souveränität.

Die Diskussion abzuwürgen, heißt, in ihre Rechte einzugreifen und sie in ihrer Breite zu verengen. Wirkt ein solches Verhalten nicht frustrierend und stärkt die Fliehkräfte aus ihr hinaus?

Müssen sich intelligente Menschen nicht ausgegrenzt fühlen, wenn sie unter dem Diktat der »*Political Correctness*« mit Denkverboten belegt werden? Erklärt sich das Entstehen nationalistischer Protestbewegungen in Ländern der europäischen Gemeinschaft auch dadurch, dass Kritik an europäischen Institutionen von Politikern und Medienbegleitern als Frontalangriff auf die Idee »Europa« abqualifiziert wurde und diese Idee als Tabu keiner Verteidigung bedurfte?

Der Bürgerstaat

In keinen Reden kann glaubhafter das Verhältnis zwischen Staat und Bürger dargestellt werden als im tatsächlichen Verhalten.

Geht der Staat mit seinen Bürgern fair um, oder behandelt er sie überheblich?

Ist er verlässlicher Partner oder misstrauischer Kontrolleur?

Mangelnde Fairness und Missbrauch der ihm von der Gesellschaft anvertrauten Macht können Ursachen dafür sein, dass Menschen der Gesellschaft den Rücken kehren.

Es gehört zu den elementaren Errungenschaften unserer Zivilisation, dass der Staat nicht über dem Gesetz steht, sondern ihm unterworfen ist wie jeder Bürger auch.

Es ist deshalb mit Argusaugen zu beobachten, wenn sich der Staat gegenüber den Bürgern rechtliche Privilegien einräumt.

Nehmen wir einige Beispiele:

Das Finanzamt oder eine andere staatliche Behörde behauptet, der Bürger X schulde ihm einen bestimmten Betrag. Ohne Gerichtsurteil kann gegen den Bürger vollstreckt und sein Konto gesperrt werden.

Die Gemeinde Y erlässt einen Anschluss- und Gebührenbescheid. Um gegen den Bürger zu vollstrecken, benötigt die Verwaltung kein Gericht.

Das gleiche Privileg ist den Körperschaften des öffentlichen Rechts, zum Beispiel den gesetzlichen Krankenkassen, der Gebühreneinzugszentrale der Rundfunk- und Fernsehanstalten oder den Handwerks- und Industrie- und Handelskammern eingeräumt. Der Staat verlangt vom Arbeitgeber, dass er die Steuern, die sein Arbeitnehmer dem Staat eventuell schuldet, vom Gehalt einbehält und an den Staat abführt. Unterläuft dabei dem Arbeitgeber ein Fehler, macht er sich strafbar. Dass er auch noch die Beiträge der Sozialversicherungen auszurechnen, einzubehalten und an die jeweiligen Träger über die Köpfe seiner Arbeitnehmer hinweg auszubezahlen hat, ist nur konsequent. Sogar zum Einzug der Kirchensteuer ist er genötigt.

Wenn ein Bürger einem anderen etwas schuldet, und sei die Schuld noch so sonnenklar, dann benötigt jeder Gläubiger zur Vollstreckung gegen den Schuldner das Urteil eines Gerichts oder die notarielle Urkunde der freiwilligen, vorherigen Unterwerfung.

Ist das fair?

Doch nur dann, wenn man davon ausgeht, dass der Staat immer rechtens handelt und die Bürger für potentielle Betrüger hält.

Zumindest die erste Annahme ist nachweislich falsch.

Sie sagen, der Bürger könne mit Rechtsmitteln gegen den Staat vorgehen. Das ist richtig. Im Nachhinein, ja.

Derjenige, der einmal in der Situation war, dass der Staat fünfzigtausend Euro verlangte, und der meinte, er schulde nichts, seine Konten gesperrt sieht und vor der Wahl steht, in dieser Situation einen jahrelangen Rechtsstreit führen zu müssen oder sich auf eine Zahlung von dreißigtausend Euro zu vergleichen, wird dieses Verhalten nicht als fair empfinden, sondern sich als Opfer einer Erpressung durch die Staatsmacht sehen.

Und entspricht es einer freien Gesellschaft, dass jeder Betrieb gezwungen ist, bezahlendes Mitglied in einer Handwerks- oder Industrie-und Handelskammer zu werden, auch wenn er diese Organisationen für überflüssig betrachtet und ihre Leistungsangebote nicht in Anspruch nimmt?

Was steckt hinter diesen Regelungen? Es ist das Misstrauen des Staates gegenüber seinen Bürgern.

Die vielen Arbeitnehmer werden möglicherweise ihre Steuern und Abgaben nicht bezahlen. Besser ist es, die ohnehin überwachten Arbeitgeber zu Einzugsgehilfen zu machen. Betriebe in Kammern zwangsweise zusammenzufassen vereinfacht deren Kontrolle.

Sorgt der Staat nicht wenigstens fürsorglich für seine Bürger? Schüttet er nicht ein Füllhorn an Wohltaten über sie aus.

So wird es empfunden. Es ist aber nicht so.

Der Staat legt lediglich fest, unter welchen Voraussetzungen staatliche Leistungen in Anspruch genommen werden können. Ausbezahlt werden die Leistungen nach Prüfung eines gestellten Antrags. Der Anspruchsberechtigte erhält deshalb, weil er zum Kreis der Betroffenen gehört, noch lange keine Leistung.

Selbst dann nicht, wenn dem Staat die Anspruchsberechtigung bekannt ist.

Es bedarf eines ausgefüllten und bei der zuständigen Stelle eingereichten Antrags und einer Überprüfung dieses Antrags durch die Bürokratie. Dann ergeht ein Bescheid, und diesem folgt im positiven Fall die Zusage, im negativen Fall die Ablehnung der Zahlung.

Dieses Verfahren gilt für Sozialhilfeempfänger wie auch für Bürger und Organisationen, die Vorhaben verwirklichen wollen, die als subventionsfähig eingestuft sind.

Am Anfang steht der Antrag. Ohne richtig ausgefüllten und kontrollierten Antrag keine Leistung. Denn den Antragstellern ist zu misstrauen.

Die Ehrlichkeit der Bürger wird auch bei deren Steuererklärungen nicht unterstellt, sondern der Staat unterhält einen effektiven Kontrollapparat.

Nun möchte man meinen, dass einer Steuereingangskontrolle auch eine Steuerausgangskontrolle gegenübersteht. Dem ist aber nicht so.

Steuerhinterziehung des Bürgers und Steuerverschwendung des Staates sind nur in der Wahrnehmung des Bürgers zwei Seiten der gleichen Medaille. Tatsächlich aber gibt es den mit Sanktionen bewehrten Begriff der Steuerverschwendung im staatlichen Vokabular nicht.

Der jährliche Bericht des Steuerzahlerbundes mit einigen konkreten Beispielen für Steuerverschwendung wird mit zur Schau gestellter Erschütterung entgegengenommen und folgenlos zu den Akten gelegt.

Besonders ärgerlich wird es dann, wenn Personen eine stärkere Kontrolle der Steuerehrlichkeit der Bürger fordern, die sich selbst aus dem mit Steuermitteln gefüllten Topf über die Maßen bedienen.

Oder nehmen wir die zunehmende Anzahl der immer raffinierter werdenden elektronischen Geschwindigkeitsmessgeräte im Straßenverkehr.

Nach der Begründung des Staates dienen diese dazu, die

Verkehrssicherheit zu erhöhen. Viele Bürger glauben diese Begründung nicht und bewerten die Einrichtungen an vielen Stellen lediglich als Quellen für weitere Staatseinnahmen. Irren sich diese wirklich?

Warum führe ich diese Beispiele an?

Sie belegen das gegenseitige Misstrauen.

Und Misstrauen ist eine Fliehkraft aus der Gesellschaft.

Das Sozialsystem

Der Löwenanteil der Steuereinnahmen des Staates wird zur Erhaltung des Sozialsystems ausgegeben.

Als zentraler Zweck, für den dieses Geld verwendet wird, benennen wir die Herbeiführung von *Gerechtigkeit*.

Dies ist grobe Irreführung.

Nirgendwo auf dieser Welt gibt es für das menschliche Gehirn nachvollziehbare Gerechtigkeit.

Der eine raucht und säuft und wird bei bester Gesundheit achtzig Jahre alt.

Der andere ernährt sich gesund, treibt Sport und lebt auch ansonsten mäßig und erfährt mit vierzig Jahren, dass er an Bauchspeicheldrüsenkrebs erkrankt ist.

Der eine arbeitet, legt jeden Cent auf die hohe Kante, wird mit achtundfünfzig Frührentner und muss, wenn er durch Sozialleistungen seine Rente aufstocken will, zunächst seine ersparten Groschen aufbrauchen.

Der andere haut sein gesamtes Geld raus wie es hereinkommt, wird ebenfalls Frührentner und erhält Sozialleistungen sofort, weil er nichts zurückgelegt hat.

Der eine büffelt Tag und Nacht auf sein Staatsexamen, verkrampft und fällt durch.

Der andere legt sich am Starnberger See in die Sonne, flirtet auf Teufel komm raus und holt sich die Staatsnote.

Der eine kommt auf die Welt und hat Vater und Mutter mit einem Vermögen von mehreren Millionen, und der andere reißt die Augen auf und schaut in Hartz IV-Gesichter. Ist das gerecht?

Also, was soll die Duselei von der Gerechtigkeit.

Der Staat kann nicht Gerechtigkeit schaffen, sondern maximal Gleichbehandlung ohne Ansehen der Person garantieren. Und dies nur für sich.

Die Menschen untereinander sind in keiner Weise gerecht und behandeln einander auch nicht gleich, und niemand kommt auf die Idee, dies einfordern zu wollen.

Der Max bemüht sich um die Gisela, liest ihr jeden Wunsch von den Augen ab und trägt sie auf Händen.

Der Klaus denkt nicht daran, überhaupt jemanden auf Händen zu tragen, höchstens seinen Köter, der seine Wohnung verwüstet. Gisela liebt Klaus, nicht Max. Ist das gerecht?

Was also kann das Sozialsystem bieten?

Sicherlich nicht Gerechtigkeit, und deshalb sollte es auch nicht den Eindruck erwecken, es könnte es.

Das Sozialsystem kann denjenigen, die in einer Lebenssituation sind, wo sie Hilfe benötigen, als »*Vater Staat*« unter die Arme greifen.

Dies kann auf vielfältige Weise geschehen: Hilfe bei der Arbeitssuche, direkte finanzielle Hilfe bei drohender Verelendung, Erziehungshilfe für überforderte Eltern, oder z.B. Beihilfen zur Förderung von Chancengleichheit für junge Menschen.

Wir haben für diese löblichen Aktivitäten ein Antrags- und Kontrollsystem entwickelt, das nicht nur einen beträchtlichen Teil des zur Verfügung gestellten Geldes selbst verschlingt, sondern darüber hinaus sowohl die Menschenwürde der Kontrolleure, wie auch der Kontrollierten verletzen kann.

Oder wie würden Sie es bewerten, wenn jemand zum Kauf von ein Paar Winterschuhen einen Antrag stellen muss und der andere zu prüfen hat, ob der Antragsteller diese Schuhe wirklich benötigt?

Tangiert diese Kontrolle nicht die Würde beider?

Wie wäre es denn, wenn der Staat jedem Bürger ohne jede Prüfung monatlich einen auskömmlichen Betrag zur Verfügung stellte? Wenn wir vom Antragssystem zum Zuteilungssystem übergingen?

Keine Sozialverwaltung mehr, kein BAföG, keine Kontrollen, keine Altersarmut, keine Anträge, keine Lobby, nichts.

Welche Ersparnis! Keine Kontrolleure, keine Kontrollierten.

Welcher ethische Mehrwert!

Dieses Geld würde denen, die es brauchen, ihre jede Aktivität lähmende Existenzangst nehmen und sie möglicherweise beflügeln, selbst die Verbesserung ihrer Situation herbeizuführen. Und diejenigen, die es nicht brauchen, werden es wieder ausgeben, was zur Folge hat, dass es über höheren Konsum und dessen Besteuerung ohnehin wieder in den Staatshaushalt zurückfließt.

Zu einfach? Zu teuer?

Vielleicht – aber viel effizienter als heute, wo die Fähigkeit, Anträge ausfüllen zu können oder einen guten Berater zu haben, über die Zuteilung entscheidet. Und wo der staatliche Verteilungs- und Kontrollapparat den größten Anteil selbst verschlingt.

Unter der Überschrift eines »*bedingungslosen Bürgerein-kommens*« ist dieser Gedanke bereits öffentlich vorgetragen. Finnland prüft seine Einführung in einem Feldversuch. Die Schweizer haben in einer Volksabstimmung die Einführung wohl nur deshalb abgelehnt, weil die Bezifferung zu hoch angesetzt war. Unabhängig von Anträgen und damit verbundenen Prüfungen des Einzelfalles durch einen teuren Verwaltungsapparat sollen die Mitglieder der Gesellschaft befreit von wirtschaftlicher Existenzangst am Gemeinschaftsleben teilnehmen können. Die dadurch frei gesetzten Kräfte würden einen die Kosten übersteigenden Mehrwert generieren, erhoffen die Befürworter dieser Regelung.

Die Akzeptanz dieser Regelung setzt ein Menschenbild voraus, das nicht durch Druck und Gegendruck definiert wird, sondern von der Vorstellung geprägt ist, dass jeder Mensch eine eigene Würde besitzt. Dieses Menschenbild wird von allen gesellschaftlich relevanten Gruppen verbal vertreten.

Dann sollten wir die Wirklichkeit unseren Worten anpassen.

Oder aber wir passen unsere Worte der Wirklichkeit an, wo jeder Antrag einem repressiven Kontrollsystem unterworfen wird. Dann benennen wir eben manche Menschen als unverbesserliche Penner und Versager, die den Tüchtigen nur auf der Tasche liegen und deren Antrag auf ein neues Paar Schuhe von einem staatlichen Kontrollapparat auf Notwendigkeit überprüft werden muss, weil es sich bei diesen Menschen um notorische Lügner und Betrüger handelt.

Führt die alltägliche Heuchelei, also das Auseinanderklaffen von Worten und praktizierten Regelungen, nicht dazu, dass die Anzahl derer, die sich von der Gesellschaft abwenden, kontinuierlich wächst – auf Seiten der Zahler und auf Seiten der Nehmer?

Das Steuersystem

Über kein Thema streiten wir mit solch inbrünstiger ideologischer Verbrämung wie über die Berechtigung und Höhe der verschiedenen Steuerarten. Auf keinem Gebiet sind mehr Lobbyisten unterwegs.

Grundsätzlich dienen die Steuereinnahmen dazu, die Staatsausgaben zu decken. Außerdem wirkt der Staat durch die Besteuerung auf das wirtschaftliche Verhalten der Bürger *steuernd,* also Richtung weisend, lockend und bremsend, ein.

In der jüngeren Geschichte soll durch die Steuererhebung auch noch die Gerechtigkeit innerhalb der Gesellschaft hergestellt oder zumindest befördert werden.

Um all dies leisten zu können, haben wir, angespornt durch eine intensive Klientelpolitik, Steuerregelungen geschaffen, die in so hohem Maße punktuell und zusammenhanglos sind, dass das ganze System in Verruf geraten ist.

Wir erinnern uns an die Argumentationen von Professor Paul Kirchhoff und den CDU-Beschluss auf dem Leipziger Parteitag, wo Friedrich Merz euphorisch verkündete, die Steuererklärung des Bürgers werde künftig auf einem Bierdeckel Platz haben.

Was ist davon geblieben? Nichts! Im Gegenteil: Das System wird weiter »*verfeinert*«.

Dabei bestimmen zwei Leitsätze die Diskussion:

– *Mehr Netto vom Brutto, Leistung muss sich lohnen.*

– *Starke Schultern müssen mehr tragen als schwache.*

Um diesen Verteilungszielen näher zu kommen, wird ein gigantischer Einziehungs-, Kontroll- und Verwaltungsapparat unterhalten, der einen großen Teil der Einnahmen selbst verbraucht.

Finanzkräftige Interessengruppen halten sich eine Heerschar von Lobbyisten, die auf die Gesetze zur Steuererhebung Einfluss nehmen.

Und immer ist der Knackpunkt die Besteuerung der verschiedenen Einkommensarten und Einkommenshöhen. Nichts kann eine Neiddebatte besser befeuern und die Gesellschaft in Betroffene und weniger Betroffene aufspalten. *Divide et impera* scheint die Devise.

Einkommen aus Arbeit, linear oder progressiv besteuert, wird anders bewertet als Einkommen aus Kapital. Einkommen aus Gewerbe wird je nach Gewerbeart besteuert und mit unzähligen Verkürzungsmöglichkeiten versehen. Einkommen aus Erbschaft und Schenkung wird nach Höhe, Verwandtschaftsgrad und Verwendungsart besteuert und so weiter und so fort und alles wird geschrieben, gelesen, bewertet, festgesetzt und kontrolliert.

Befinden wir uns nicht in der Situation, wo ein Schneeball durch tausend Hände geht, bevor er geworfen wird, und der Letzte schließlich feststellt, dass er keinen Ball mehr hat, sondern nur noch nasse Hände?

Warum beschreiten wir denn nicht den einfachen Weg: Die Ersetzung der Einkommensteuer durch die Ausgabensteuer?

Was hindert uns daran, Güter, Waren und Dienstleistungen in Kategorien von lebensnotwendig bis luxuriös einzustufen und diesen Bewertungen entsprechend die Steuersätze festzulegen?

So könnte beispielsweise Brot und Milch mit einem Umsatzsteuersatz von null und die Rolexuhr und der Ferrari mit einem solchen von hundert Prozent belegt werden. Eine Maschine zur Produktion in einem Betrieb könnte einen anderen Mehrwertsteuersatz haben als ein Sportgerät usw.

Diese Art der Besteuerung würde auch dem beklagten Neid in der Gesellschaft entgegenwirken, da für jedermann nachvollziehbar der Eigentümer eines Ferraris einen großen Teil des Kaufpreises als Steuer abgedrückt hat.

Medizinisch indizierte ärztliche Leistungen könnten anders besteuert werden als kosmetische usw. Hier sind der Kreativität sozialen Ausgleichs wenig Grenzen gesetzt.

Was haben wir stattdessen?

Einen Mehrwertsteuerverhau, wonach Hunde- und Katzenfutter geringer besteuert ist als Babynahrung und Übernachtungen anders als das Frühstück danach.

Einen Einkommensteuerdschungel, wo die Einkommensarten unterschiedlich hoch besteuert sind und diejenigen, die durch Arbeit ihren Lebensunterhalt bestreiten müssen, am höchsten belastet werden.

Ein Abschreibungs- und Subventionssystem mit eingeräumten Freibeträgen, das schlau angewendet, die Besteuerung des Einkommens wieder aufhebt.

Dass Menschen mit hohem Einkommen mehr Geld ausgeben und dieses Geld auch für nicht lebensnotwendige Dinge verwenden, darf als sicher angenommen werden. Also ist die Besteuerung der Ausgaben bei weitem effizienter und gerechter als die Besteuerung des Einkommens mit den end- und fruchtlosen Diskussionen über Progressionsstufen, Freibeträge und Einkunftsarten.

Außerdem erfolgt die Abführung der Umsatzsteuer schneller und unbürokratischer als jede andere Steuerart.

Im Übrigen würde bei dieser Lösung die den Arbeitnehmer entmündigende Art der Steuereinziehung durch den Arbeitgeber entfallen, und auch der Arbeitnehmer würde als Steuerbürger ernst genommen werden und die Gehaltszahlung seines Arbeitgebers nicht nur als Netto, sondern als Brutto auf seinem Konto wiederfinden.

Und was ist, wenn jemand nur einnimmt und nichts ausgibt, fragen Sie?

Irgendwann kommt alles Geld wieder in Umlauf, meine ich. So populär ist das Geld unter dem Kopfkissen nicht, als dass es ein Problem darstellen könnte.

Zu einfach?

Das ist doch wohl nur ein Argument für Finanzbeamte und Steuerberater.

Die Agrarpolitik

Gäbe es eine Persönlichkeit, die für unsere Agrarpolitik verantwortlich ist, dann müsste diese vor den Haager Gerichtshof zitiert werden. Nicht wegen der unzulässigen Krümmung von Gurken und Bananen.

Nein, da werden subventionierte Schlachtabfälle nach Afrika exportiert und dort zu Dumping-Preisen verkauft. Die dortigen Erzeugerbetriebe, ebenfalls von uns subventioniert, können mit diesen Preisen nicht mithalten und gehen wieder kaputt.

Wir essen also beispielsweise vom Schlachthähnchen die Brustfilets, und die Reste vom Huhn werden nach Afrika exportiert. Dort fördern wir das Entstehen einer lokalen Landwirtschaft, die in der Lage sein soll, die heimische Bevölkerung zu ernähren. Unsere auf den dortigen Markt geschmissenen Fleischabfälle ruinieren diese Betriebe.

Sind wir verrückt geworden?

Jeder vernünftige Mensch stellt sich die Frage, weshalb eine solche Politik gemacht wird.

Von allen politisch Verantwortlichen erhält er nur entrüstetes und ratloses Schulterzucken.

Was macht er? Er wendet sich einem anderen Thema zu. Eines davon ist die Massentierhaltung.

Wer je eine industrielle Massenproduktionsstätte von

Fleisch, Eiern und Milch gesehen hat, wird diese Betriebe nicht ohne Tränen in den Augen verlassen, wenn er sich noch einen Rest von Anstand bewahrt hat.

Wir benötigen diese Mengen, um die Bevölkerung zu ernähren, schallt es aus allen Ecken.

Stimmt nicht! Wir bekämpfen mit unserer Überproduktion das Entstehen einer erträglichen Landwirtschaft in anderen Ländern.

Ich bin auf einem Bauernhof aufgewachsen. Da gab es noch die Rechnung:

Für die Haltung einer Großvieheinheit brauchst du ein halbes Hektar Land: zur Futterproduktion und Mistentsorgung. Diese Regelung war ausgeglichen und genügte, um die Aufgaben der Landwirtschaft zu erfüllen.

Dann begann der Sündenfall. Das Land Niedersachsen hat einem verdienten Steuerzahler die Errichtung eines Stalles für eine Unzahl von Kühen gestattet, ohne dass das dafür benötigte Land nachgewiesen werden musste. Schließlich konnte Futter gekauft und Mist entsorgt werden.

Die Milchfabrik war geboren. Ihr folgten Schweinemastbetriebe, Legehennenbatterien usw.

Heute werden Futtermittel rund um den Globus gehandelt. Regenwälder in Südamerika werden abgeholzt, um Tierfutter für die Massentierhaltung in Europa zu ermöglichen. Die Pflanzenproduktion ist losgelöst von den betrieblichen Erfordernissen, dem chemischen Düngemitteleinsatz und der Verwendung von Pestiziden sind keine Grenzen mehr gesetzt. Auf den Finanzmärkten wird mit Nahrungs- und Futtermitteln spekuliert.

Es entstanden Monokulturen – Maisfelder, so weit das

Auge reicht – und Nahrungsmittel werden zur Energiege-
winnung verwendet.

Wir betreiben einen Landschaftsverbrauch, als gäbe es
nach uns keine weiteren Generationen mehr.

Warum nicht zurück zur Bodenbindung?

Wer hundert Kühe halten will, braucht fünfzig Hektar
Land.

Wer hundert Schweine halten will, braucht zehn Hektar
Land.

Wer hundert Hühner halten will, braucht einen Hektar
Land.

Alles zu einfach?

Herrgott nochmal, schauen Sie doch an, was ohne Bodenbindung entstanden ist!

Wir haben eine Agrarbürokratie, welche die Bauern
durch Zuschüsse gängelt, und diese machen aus Bequemlichkeit und Ohnmacht wider besseren Wissens mit.

Wer je in Spanien von Sevilla nach Saragossa gefahren
ist und die über Tausende von Quadratkilometern wie auf
einer Schnur gezogenen Olivenbäume gesehen hat, der
weiß die Verbrechen der Agrarpolitik an Landschaft und
Menschen einzuschätzen.

Die Justiz

Die Justiz hat die Aufgabe, den Rechtsfrieden zu erhalten. Wo er gestört wurde, hat sie ihn wiederherzustellen. Sie hat also eine der Gesellschaft dienende Funktion.

Keine herrschende!

Gerichten und den dort tätigen Menschen ist eine große Macht übertragen, und folglich sind sie einer großen Versuchung ausgesetzt und müssen charakterlich so gefestigt sein, dieser Versuchung nicht zu erliegen.

Sie können Menschen, die vor ihnen zu erscheinen haben, existenziell vernichten.

Wir alle kennen den Richter Pilatus, der seine Hände in Unschuld wusch und dennoch den Angeklagten töten ließ.

»Weißt du nicht, dass ich die Macht habe, dich kreuzigen oder freilassen zu können?«, fragte er den unbotmäßigen Angeklagten. Der erwiderte, »du hättest keine Macht über mich, wenn sie dir nicht von oben gegeben wäre.«

Damals war *von oben* vom römischen Kaiser. Heute ist *von oben* vom Volk, also von uns allen. Folglich werden die Urteile auch in unserem Namen gesprochen, nicht im Namen des Richters.

Nehmen wir unsere Überwachungspflicht ernst oder ducken wir uns weg?

Es beginnt bereits bei der Juristenausbildung.

Die Studenten/innen der Jurisprudenz werden mit einem in sich geschlossenen, äußerst komplizierten System konfrontiert. Ihre intellektuelle Schärfe wird daran gemessen, wie sie die einzelnen Normen im System einordnen und bewerten können. Ich gestehe, es ist faszinierend, kollidierende, sich überschneidende, über- und untergeordnete Regeln aneinander zu messen und sie zutreffend widerspruchslos systemkonform einzuordnen.

Aber – liebe Berufskollegen, ich bitte um Entschuldigung – ist das nicht alles enorme unfruchtbare Selbstbefriedigung?

Dem Kläger, der vor Gericht Unterstützung sucht, der Angeklagte, der einem staatsanwaltlichen Vorwurf ausgesetzt ist, ist es ziemlich wurscht, wie feinsinnig die Gesetze miteinander verwoben sind, nach denen sein Fall zu regeln ist.

Er will eine schnelle, klare und möglichst nachvollziehbare Entscheidung. Er will, dass sich der Richter mit seinem Fall beschäftigt und nicht mit dem Gesetzesgewirr, unter den der zu entscheidende Sachverhalt zu subsumieren sein könnte.

Der geläufige Satz: *»Vor Gericht und auf hoher See ist man allein in Gottes Hand«* ist kein Kompliment für die Justiz. Ebenso wenig die landläufige Meinung, dass es von der Skrupellosigkeit, Intelligenz oder Erfahrung eines Anwalts abhängt, wie der Fall vor Gericht entschieden wird. Es scheint sich eine Meinung zu verfestigen, dass derjenige, der sich einen *»teuren«* Anwalt leisten kann, bei Gericht besser wegkommt. So als sei das Recht käuflich.

In diesem Zusammenhang sind auch die unsäglichen Nachmittagssendungen im Fernsehen zu erwähnen, in denen Gerichtsverhandlungen simuliert werden und die an arroganter Dümmlichkeit kaum mehr zu überbieten sind.

Außer dass ihr Unterhaltungswert unterirdisch ist, zeichnen sie ein Bild von Richtern, Staats- und Rechtsanwälten, wie sie sich empathie- und kritiklos mit primitiv belehrendem Genuss auf meist verwahrloste Angeklagte und lügnerische Zeugen stürzen.

Eine dienende Justiz ist für den Zusammenhalt einer Gesellschaft von enormer Bedeutung. Sie ist Rechtfertigung für das Gewaltmonopol des Staates. Versagt sie, gilt das Gesetz des Stärkeren.

Sind unsere Juristen sich dessen bewusst? Werden sie in ihrer Ausbildung darauf vorbereitet? Von Einzelbeispielen abgesehen im Allgemeinen nicht im erforderlichen Ausmaß. Ein brillanter Jurist, der zielsicher und elegant durch den Slalom der Gesetze zu einem Urteil kommt, ist noch lange kein guter Richter. Auch die Richter und Anwälte vor dem Volksgerichtshof eines Dr. Freisler waren sehr gut ausgebildete Juristen! Es trägt nicht zur Akzeptanz der Judikative bei, wenn aus dem Kreis derer, die eine Ausbildung für das höchste Richteramt erfolgreich abgeschlossen haben, eine aus dem Elfenbeinturm agierende Ministerialbürokratie Richterstellen besetzt und Karrieren befördert.

Wäre es nicht ein starkes Zeichen einer Zivilgesellschaft, wenn zumindest die Leiter der Gerichte und Staatsanwaltschaften, wie auch der Polizeibehörden durch Wahlen der in dem jeweiligen Gerichtsbezirk wohnenden Bürger bestimmt würden? Natürlich hätten die Bewerber eine erfolgreich abgeschlossene Ausbildung nachzuweisen.

Die Formel: «*Im Namen des Volkes*» würde mit lebendem Inhalt erfüllt, und die Leistungen der Gerichte würden

Gegenstand von öffentlichen Diskussionen innerhalb der Bewerbungen um die Besetzung der leitenden Funktionen.

Ist unsere Gesellschaft nicht erwachsen genug, auch solche Entscheidungen transparent zu gestalten und selbst zu fällen?

Der Strafvollzug

Da wird also eine(r) nach einem langen und teuren Prozess verurteilt. Sie/er hat den/die vermeintlich exklusive(n) Sexualpartner(in) in flagranti ertappt und sie/ihn vorzeitig und ungesetzlich in auflodernder egomanischer Wut vom irdischen in das transzendentale Paradies befördert. Was bekommt er: acht Jahre Haft.

In dieser Zeit wird der inhaftierte Mensch aus Steuergeldern verköstigt, untergebracht und bewacht. Sein soziales Umfeld zerfällt. Eventuell findet er in der Gefängnisgemeinschaft inspirierende Anregungen für sein Leben danach. Wenn er nach sechs Jahren wegen guter Führung entlassen wird, steht er vor einem Scherbenhaufen. Ob er jemals wieder eine wirtschaftlich tragende Existenz aufbauen kann, ist eher zweifelhaft. Wahrscheinlich ernährt ihn die Gesellschaft bis an sein Lebensende.

Ist das intelligent?

Damit wir uns nicht falsch verstehen: Ich spreche hier nicht von pathologischen Kriminellen, von denen eine ständige Gefahr für ihre Mitmenschen ausgeht, sondern von Tätern, die in einer bestimmten komplizierten Lebenssituation versagt haben.

Die Strafe nach einem Gesetzesverstoß soll Genugtuung für den Geschädigten und Sühne für den Täter sein. Das verlangt die verletzte Rechtsordnung. Als Strafen kennen wir aus der Geschichte:

Todesstrafe auf verschiedenste Arten, Folterungen und Prügel, körperliche Markierungen (z.B. Schlitzohr für Betrüger, Hand abhacken für Diebe), Freiheitsentziehungen, Arbeitslager, Geldstrafen, Verpflichtung zu sozialer Arbeit, Pranger oder Ermahnungen, Berufsverbote und Verlust bestimmter Bürgerrechte (z.B. Wahlrecht), Einziehung des Vermögens oder von Lizenzen (z.B. Führerschein, Gewerbeschein), Ausdehnung der Strafen auf Angehörige (Sippenhaft).

Einige Teile aus diesem Katalog sind in manchen Gesellschaften zwischenzeitlich geächtet und abgeschafft.

Die Verhängung und der Vollzug dieser Strafen soll die Sühne für den Täter sein.

Und was ist die Genugtuung?

Ist es für ein charakterlich unbeschädigtes Opfer, für einen Bestohlenen, Beraubten, Betrogenen eine Genugtuung, wenn der Dieb, Räuber, Betrüger einige Zeit in das Gefängnis gesperrt wird und/oder Geld an eine vom jeweiligen Richter bestimmte gemeinnützige Organisation zu zahlen hat?

Wäre es nicht klüger, die durch kriminelle Taten Geschädigten aus einem Topf zu entschädigen und alle überführten Täter in diesen Topf einzahlen zu lassen, statt sie auf Staatskosten einzusperren?

Ist es intelligent, einen Geschäftsmann, der Steuern hinterzogen hat, in das Gefängnis zu stecken, ihn auf Staatskosten zu verhalten und ihn daran zu hindern, künftig Steuern zahlen zu können? Wäre es nicht klüger, ihn zu zwingen und in die Lage zu versetzen, den verursachten

Schaden auszugleichen und ihn für einen bestimmten Zeitraum mit einem erhöhten Strafsteuersatz zu belegen?

Erforderlich ist es, einen Gesetzesverstoß festzustellen und ihn dem Verantwortlichen zuzurechnen.

Die Konsequenzen für den Verurteilten erscheinen aber extrem starr, fantasielos und ineffektiv. Hier könnten intelligentere, neue Wege beschritten werden.

Ist die Methode Schaden mit Schaden zu vergelten oder die Befriedigung dumpfer Rachsucht einer intelligenten Gesellschaft würdig?

Das Versicherungssystem

Keine Frage, die Möglichkeit finanzielle Gefahren absichern zu können, ist eine zivilisatorische Errungenschaft und zur Kalkulierbarkeit mancher Lebensrisiken unentbehrlich. Der Wildwuchs unterscheidet sich nicht von dem anderer Wirtschaftszweige. Auch dass manche Menschen sich aus Ängstlichkeit oder anderen Gründen überversichern oder gemessen an ihrer Lebenssituation falsch versichern, lässt sich nicht vermeiden. Es ist ärgerlich, wenn Unerfahrenheit und fehlende Kenntnis zum Nachteil von Kunden ausgenutzt werden, aber es soll hier keiner betreuenden Bevormundung der Verbraucher das Wort geredet werden. Auch hier macht wohl Schaden klug.

Wenn aber Versicherungsgesellschaften eine ganze Armada von Juristen beschäftigen, die nichts anderes zu tun haben, als geltend gemachte Ansprüche der Versicherten abzuwehren, ich sage abwehren, nicht prüfen, dann darf der Recht setzende Staat nicht untätig bleiben.

Wenn versicherte Risiken systematisch nicht vertragsgemäß reguliert werden, ist dies Betrug, und wenn dies in einer Versicherungsfirma geschieht, handelt es sich um organisierte und bandenmäßige Kriminalität und muss entsprechend geahndet werden.

Ich übersehe nicht, dass einzelne Versicherte gelegentlich versuchen, ihre Versicherung mit falschen Angaben zu betrügen. Der Rotweinfleck im Teppich, der Auffahrunfall und der Hund, der eine teure Vase umgeworfen hat, sollen nicht verschwiegen sein. Es ist deshalb im Interesse aller Versicherten erforderlich, geltend gemachte Ansprüche skeptisch und sorgfältig zu prüfen.

Nein, ich meine die generelle Abwehr auch berechtigter Ansprüche, die Zermürbung der Versicherten, die in einen kostspieligen Prozess gezwungen werden und nach Jahren des hinausgezögerten Prozessierens zu einem ungünstigen Vergleich gezwungen sind, weil ihnen das Geld ausgeht. Von Chancengleichheit in solchen Zivilprozessen kann keine Rede sein.

Sie meinen, ich übertreibe? Ein Beispiel!

Wie beurteilen Sie den Fall des Bauern Xaver Knie aus einem kleinen Dorf bei Augsburg? Beim Melken schlug ihm die Kuh ihren Schwanz in die Augen. Ein Auge erblindete. Der Mann wurde im Augsburger Zentralklinikum und in einer Münchener Augenklinik stationär behandelt. Die Ursachen und der Krankheitsverlauf sind lückenlos dokumentiert. Den Unfall meldete er seiner gesetzlichen Versicherung, der land- und forstwirtschaftlichen Berufsgenossenschaft. Daneben hatte er eine private Versicherung gegen solche Unfälle beim Deutschen Herold abgeschlossen. Dieser war von der Zürich Versicherung AG übernommen worden. Der Bauer informierte den Vertreter dieser Versicherung in seiner Nähe.

Als sich herausstellte, dass aufgrund des Unfalls ein Auge blind geworden war, bezahlte die Berufsgenossenschaft, und die Zürich Versicherung lehnte die Ansprüche ab. Ihr Argument lautete, der Bauer habe den Unfall nicht rechtzeitig angezeigt. Das Argument, dass der Versicherungsvertreter vor Ort informiert worden war, ließ die Versicherung als ungenügend nicht gelten. Auf das Argument, dass der Unfall und der Heilungsverlauf genauestens dokumentiert sind und deshalb ein Betrug des Versicherten ausscheide, ging die Versicherung ebenso wenig ein wie auf die Tatsache, dass die gesetzliche Versicherung den Unfall als Betriebsunfall anerkannt habe und ihren Verpflichtungen nachkomme.

Ersparnis für die Zürich Versicherung AG rund dreihunderttausend Euro. Sie meinen, dies sei ein Einzelfall, eine Ausnahme?

Fragen Sie die auf Versicherungsfälle spezialisierten Anwälte oder Verbraucherschutzorganisationen. Es ist die Regel!

Was kann den Versicherungen geschehen, welches Risiko gehen sie ein, wenn sie einen hartnäckigen und finanziell starken Versicherten hinhalten? Sie verlieren schlimmstenfalls nach Jahren den Prozess und haben dann die Versicherungssumme zu bezahlen. Bis dahin haben sie Gelegenheit, mit dem einbehaltenen Geld zu wirtschaften und bei absehbar negativem Prozessausgang vorher noch einige Vergleichsvorschläge für eine gütliche Regelung anzubieten. Na und – hat sich doch gelohnt!

Dies ist unsere Realität.

Schauen wir in die USA.

Wenn dort eine Versicherung systematisch so handelt wie bei uns, wird sie zur Zahlung eines Mehrfachen von dem verurteilt, was sie bei Anerkennung des Anspruchs hätte bezahlen müssen. Und zwar nicht als Strafe an den Staat, sondern an den Versicherten.

Dazu kommen exorbitante Strafen bis zur Entziehung der Lizenz.

Im Übrigen gilt dies auch für das Verhalten der Banken und großer Unternehmen.

Sie können in der Presse verfolgen, welche Strafen in Milliardenhöhe deutsche Unternehmen in den Vereinigten Staaten bezahlen, wenn sie mit den dortigen Kunden so umgehen, wie es in Deutschland mit staatlicher Duldung üblich geworden ist. Die im Rahmen des »*Abgasskandals*« dort gegen deutsche Autobauer verhängten Strafen sind noch in frischer Erinnerung.

Man muss das Rad gar nicht neu erfinden. Ab und zu reicht es aus, den Blick vom eigenen Nabel wegzunehmen, um eine intelligente Lösung zu finden. Warum verweigert unser Staat seinen Bürgern den Schutz, den der amerikanische den seinen gibt? Kann man es unseren betroffenen Mitbürgern verargen, wenn sie sich vom eigenen Staat im Stich gelassen fühlen und sich als Opfer einer *Klientelpolitik* empfinden?

Der Föderalismus

Er gilt als heilige Kuh unserer Politik. Kein Politiker wird sich an der Neugestaltung der Bundesländer abarbeiten, da – obgleich für jedermann sichtbar, eine Reform vernünftig ist – auf diesem Feld nur Niederlagen erwartet werden können. Zwar sind einige Länder finanziell nicht als selbständige Gebilde lebensfähig und hängen süchtig am Länderfinanzausgleich, aber diese Erkenntnis ist überlagert von der Furcht, das Gefühl, das im Wort *Heimat* steckt, zu verletzen.

Soweit der Vordergrund.

Hintergründig geht es aber nicht um Heimat, sondern um Pfründe. Jedes Bundesland pflegt seine Ministerien und seine Verwaltung. Jede Partei ist erpicht darauf, eine möglichst große Anzahl an staatlich alimentierten Positionen zu besetzen. Landespolitiker, Landesbeamte und Vorstände der Landesinstitutionen sind die Speerspitzen des Beharrens und verstehen es, Heimatliebe und Heimatstolz der Bürger mit der Existenz als selbständigem Bundesland zu verknüpfen.

War der Grundgedanke nicht ein anderer? Die als föderativer Staat verfasste Bundesrepublik sollte im Bundesrat ein Korrektiv erhalten, damit eine zentrale Regierung nicht zu mächtig werden konnte. Check and Balances auf Deutsch, da das mit der Gewaltenteilung von Legislative, Exekutive und Judikative wegen der fatalen deutschen Neigung zur gegenseitigen Loyalität nicht funktioniert. So weitsichtig waren die Männer und Frauen nach ihren Lebenserfahrungen Ende der vierziger Jahre des vorigen Jahrhunderts!

Dieses vernünftige Ziel setzt aber nicht eine bestimmte Zahl von Bundesländern voraus. Es genügt und ist sogar zweckdienlicher, einige starke Bundesländer der Zentralmacht gegenüber zu stellen. Der Ist–Zustand, wonach der Länderfinanzausgleich dazu führt, dass Nehmerländer ihre Beamten üppiger alimentieren und großzügigere Sozialregelungen haben können als Geberländer, ist eine Verwerfung, die nicht nur die Ministerpräsidenten von Bayern und Baden-Württemberg umtreibt.

Es ist mit der Vorstellung einer wirtschaftlichen und effizienten Verwaltung des Staatswesens im Zeitalter unserer Kommunikationsmittel nicht vereinbar, dass eine Zentralregierung und sechzehn Bundesländer mit Kabinetten, Parlamenten und Verwaltungen unterhalten werden, die sich um Kompetenzen balgen und die Gesellschaft mit teils überflüssigen, teils widersprüchlichen Regelungen überziehen.

Und über allem thront zwischenzeitlich eine europäische Bürokratie, die für sich eine Überkompetenz reklamiert. Wen kann es wundern, dass ein wachsender Anteil der diese Verwaltungsapparate finanzierenden Bürger zu der Überzeugung kommt, es handle sich um ein gigantisches Selbstbedienungs- und Steuerverschwendungssystem, dem man sich mit innerer Berechtigung entziehen dürfe.

Wenn man sich an eine Verringerung der Anzahl nicht heranwagt und es auch bei der Benennung belassen möchte, dann wäre es doch möglich, für mehrere Bundesländer eine gemeinsame Regierung und Verwaltung einzuführen. Was spricht dagegen, dass zum Beispiel

1. das Saarland und Rheinland-Pfalz,
2. Niedersachsen, Hamburg, Bremen und Schleswig-Holstein,
3. Sachsen, Thüringen und Sachsen-Anhalt,
4. Brandenburg und Mecklenburg-Vorpommern

gemeinsam regiert und verwaltet werden?

Zu einfach?

Wer es komplizierter mag: Man könnte angesichts der bestehenden Möglichkeiten den Regierungssitz abwechselnd in verschiedene Landeshauptstädte verlegen.

Übrigens: Das heilige römische Reich deutscher Nation wurde ohne unsere heutigen technischen Verwaltungsmittel über Jahrhunderte von Pfalzen aus regiert – ohne Hauptstadt, zentraler Regierung und Verwaltung.

Die Medienlandschaft

Eine lebendige plurale Medienlandschaft ist Voraussetzung und Ergebnis einer offenen Gesellschaft.

Wenn Sie in dem Alter sind, dass Sie die Bonner Republik bewusst erlebt haben, dann erinnern Sie sich, dass es einen Unterschied machte, was Sie in der *Süddeutschen Zeitung* oder der *Frankfurter Allgemeinen,* im *Spiegel* oder im *Stern* gelesen haben. Nicht die Nachrichten unterschieden sich – in der Gewichtung vielleicht, aber die Kommentare. Auch Nachrichten und Kommentare im *ZDF* differierten in Gewichtung und Betrachtungsweise von denen der *ARD.*

In heutigen Zeiten gleichen sich Inhalte und Meinungen in allen Medien, als schöpften alle aus einer einzigen großen Quelle. Obwohl die Anzahl an Gazetten und Sendern deutlich gewachsen ist, liegt der Unterschied nur noch in der möglichst reißerischen Darbietung. Es gilt das Diktat der Quote, und die Grenzen zwischen der Übermittlung von objektiver Nachricht und subjektiver Kommentierung verschwimmen.

Schlimmer noch: Es scheint ein Kartell der Etablierten in allen Bereichen zu geben, gemeinsam den Status quo zu verteidigen.

Ich bin kein Anhänger der AfD oder immer neuer Splitterparteien, aber die Art der kollektiven Abwehr dieser Gruppen gefällt mir nicht:

Ausgrenzen, Verteufeln oder Totschweigen. So verhalten sich Verteidiger, die von sich und ihren Inhalten nicht überzeugt sind.

Aufgabe der Medien ist es, möglichst objektiv zu berichten und durchaus subjektiv zu kommentieren. Dabei sind die Nachrichtenteile von den Kommentaren klar zu trennen. Die Medien sollen ein Forum sein, auf dem die verschiedensten Meinungen zu Wort kommen können. Unsere Medien scheinen Teil des Establishments geworden zu sein. Sie stellen keinen Marktplatz mehr dar, sondern sind Kombattanten geworden. Ist Ihnen die Verachtung von Peter Scholl-Latour für den *embedded Journalist* noch in Erinnerung?

Diese Entwicklung ist deshalb gefährlich, weil sie den Wettbewerb von Ideen und Meinungen verzerrt. Sie begünstigt Verkrustungen und Frustrationen und verstärkt deshalb die Fliehkräfte aus der Gesellschaft. Hinzu kommt, dass der Medienmarkt und die darin Tätigen nur noch in verschwindend geringem Maße von den Konsumenten finanziert sind, sondern wirtschaftlich von öffentlichen Zwangsabgaben (GEZ) und/oder Werbeaufträgen abhängen. Der Zuschauer/Leser sieht sich einer Clique von Meinungsmachern ausgeliefert, die eine *closed society* bildet, sich gegenseitig aus diesem Topf bedient und das Niveau scham- und verantwortungslos nach unten verschiebt.

Das Forum ist von immer gleichen Personen und Meinungen besetzt. Die Akteure verstehen sich nicht als dienende Transporteure pluraler Meinungen, sondern als herrschende, belehrende und interpretierende Schiedsrichter.

Dadurch reiht sich die Medienlandschaft in die Reihe derjenigen Kräfte ein, die auf die Gesellschaft repressiv wirken.

Mit ungläubigem Staunen und nahezu beleidigt reagieren diese Herren der öffentlichen Meinung darauf, wenn ihnen »*die Masse da draußen*« nicht folgt. Die geradezu hysterischen Reaktionen fast aller journalistischen Beobachter auf den nicht für möglich gehaltenen Wahlsieg von Donald Trump bestätigen diese Einschätzung. Dabei wird von dieser geschlossenen Gesellschaft der Meinungsmacher, der Selbstkritik zu fehlen scheint, völlig unterschätzt, dass sie durch ihre Kampagnen das Gegenteil dessen erreicht, was sie bewirken will.

Sicherlich gibt es eine große Zahl Journalisten, die sich einer offenen Gesellschaft verpflichtet fühlen und über ein entsprechendes Berufsethos verfügen. Warum kommen sie nicht hörbar und sichtbar zu Wort? Warum muss man sie versteckt in kleinen Formaten der Medien suchen?

Weil wir auch hier unsere Verantwortung delegiert haben!

Wer lässt es zu, dass sich Medienprodukte noch als unabhängig bezeichnen dürfen, wenn sie wirtschaftlich nicht mehr von ihren Lesern getragen sind, sondern von Sponsoren mit eigenen Interessen?

Wer überwacht die Verteilung der Mittel aus den Zwangsabgaben der Rundfunkgebühren? Wer kontrolliert, ob diese ausschließlich zur Erfüllung des öffentlichen Auftrags dieser Sender verwendet werden? Quis custodiet ipsos custodes? Wer kontrolliert die Kontrolleure? Wir schimpfen und wenden uns ohnmächtig und angewidert ab. Wir müssen ja nicht lesen, und jedes Gerät hat schließlich einen

Ausschaltknopf. Sind wir schon auf dem Weg, das Theater zu verlassen?

Das Flüchtlingsproblem

Was ist nun das Problem? Die vielen Flüchtlinge, die unkontrolliert die Grenzen überschreiten, oder die wortreiche Hilflosigkeit, mit der sich die Vertreter der staatlichen Macht diesem Zustrom entgegenstellen?

Natürlich stellt die Völkerwanderung unserer Tage die davon betroffenen Staaten und Gesellschaften vor riesige Aufgaben. Hat die Kanzlerin recht, wenn sie sagt, *Wir schaffen das*? Oder ist dieser Satz kein Versprechen, sondern verzweifeltes Hoffen?

Er ist Ausdruck einer Einstellung! Eine honorige Haltung! Kein Lösungsansatz!

Die kakophone Begleitmusik aus der Politik zu dieser Herausforderung, man müsse die Ängste der Menschen ernst nehmen, man habe das Problem erkannt, ist wenig hilfreich. Sind diese Stereotypen mehr als Placebos oder das Pfeifen eines selbst Verängstigten, um die eigenen Zweifel zu verdecken? Die Gesellschaft erwartet von der Politik nicht nur die Kompetenz, Probleme zu erkennen und zu beschreiben, sondern die Fähigkeit, erkannte Probleme zu lösen.

Unsere Gesellschaft hat dem überraschten und überforderten Staat in unerwartet hohem Maße spontan geholfen, den Ansturm im Jahre 2015 zu bewältigen. Sie hat nicht auf staatliche Anweisungen gewartet, sondern aus sich heraus gehandelt.

Ich weiß nicht, ob es Ihnen ähnlich geht. Mich haben die Bilder aus dem Münchener Hauptbahnhof im Jahre 2015 sehr an die Szenen an dem Bahnsteig in Hof aus dem Jahre 1989 erinnert, als die ersten DDR-Flüchtlinge mit den Zügen aus Prag ankamen.

Auch damals war die Gesellschaft den überrumpelten staatlichen Organisationen voraus. Sie hat dem Staat die Verschnaufpause geschaffen, um selbst ordnend tätig werden zu können.

Im Gegensatz zum damaligen entschlossenen und zielgerichteten Handeln unter der Verantwortung Helmut Kohls taumelt heute die staatliche Flüchtlingspolitik zwischen Idealismus, Legalismus und Populismus orientierungslos umher. Haben in den Jahren 2015 und 2016 Kommunen und Gesellschaft aus eigener Kraft und mit selbstverständlicher humanitärer Gesinnung alle Anstrengungen unternommen, die plötzlich entstandenen Probleme zu lösen, so ist durch die Übernahme der Verantwortlichkeit durch Bundesbehörden eine heillose Verwirrung entstanden. Weder in der nationalen, noch in der europäischen Politik ist ein roter Faden erkennbar.

Sind die Lösungsvorschläge mancher, mit Grenzbefestigungen die Völkerwanderungen zu unterbinden, praktikabel? Unabhängig von dem inhumanen Aspekt, der einer solchen Maßnahme anhaftet, zeigt die Geschichte, dass Mauern und Grenzen von innen nicht verteidigt werden können, wenn der Außendruck zu groß wird. Also kann es doch keine andere Lösung geben, als den Außendruck zu verringern. Gibt es dazu andere Möglichkeiten als Aufnahme und Ursachenbekämpfung?

Die vorsichtigen Skeptiker befürchten, dass eine Gesellschaft nur ein gewisses Maß an Fremdheit erträgt. Mag sein, wenn man diesen Begriff negativ besetzt und als Dauerzustand betrachtet. Die größere Gefahr für das Auflodern einer gesellschaftlichen Intoleranz könnte aber darin liegen, wenn vermeidbare Verwerfungen entstehen und den staatlichen Organen die Lösungskompetenz nicht zugetraut wird.

Verwerfungen entstehen dann, wenn unterschiedliche Maßstäbe in einer Gesellschaft angelegt werden. Kann dies in einer solchen Situation vermieden werden?

Aber selbstverständlich!

Für jedermann in diesem Lande gibt es eine klare Autorität, der er sich unterzuordnen hat: Unser Grundgesetz! Egal, welche Inhalte Kulturen, Religionen, Sitten und Gebräuche haben, wenn sie unserem Grundgesetz widersprechen, ist ihre Ausübung auf unserem Staatsgebiet durch Polizei und Justiz zu unterbinden. Dies ist unbestrittener gesellschaftlicher Konsens. Ausnahmen zu machen, schafft Verwerfungen. Je klarer und deutlicher dies praktiziert wird, umso weniger Platz entsteht für Missverständnisse.

In unserer Gesellschaft gibt es Hilfe zur Selbsthilfe. Dies ist ein Markenkern des Sozialstaats. Warum werden Flüchtlinge davon ausgenommen? Ein Student, der selbst nicht genug Geld hat, sein Studium zu finanzieren, erhält BAföG. Dies sind staatliche Darlehen, die wieder zurückgezahlt werden müssen.

Sollte ein Flüchtling nicht systemimmanent behandelt werden? Bei den weitaus meisten handelt es sich um junge, vitale Menschen. Sie haben eine Flucht überstanden und dafür nicht selten viel bezahlt. Sie haben es geschafft, ihr Ziel zu erreichen.

Warum sollte man ihnen nicht ein InföG (Integrationsförderungsgesetz) gewähren? Als Darlehen, versteht sich. Damit würden sie vom ersten Tag an als Mitglieder der Gesellschaft ernst genommen und nicht in eine Bittsteller- und Bettlerrolle gedrängt, die sie meist selbst nicht wollen. Natürlich müsste ihnen im Gegenzug von Anfang an erlaubt sein, sich eine Arbeit zu suchen.

Und wie regeln wir die Wohnraumfrage? Wir errichten Zeltstädte. Wir belegen Turnhallen, deren Nutzung anderen entzogen wird. Dies wird als Übergangslösung akzeptiert, aber nicht als Dauerzustand. Hier drohen Verwerfungen.

Mit der weltweiten Migration stehen wir alle vor einer einzigartigen Herausforderung.

Wir kennen das geflügelte Wort: *Außerordentliche Situationen verlangen außerordentliche Maßnahmen.*

Wäre es nicht ein faszinierendes Projekt, in Deutschland eine Großstadt des 21. Jahrhunderts zu bauen. Architekten und Städtebauer, Soziologen und Wissenschaftler der verschiedensten Fakultäten aus aller Welt wären eingeladen, daran mitzuwirken.

Hierfür Finanzmittel aus allen Investitionsquellen dieser Erde zu erhalten, dürfte das geringste Problem sein. Wäre dies nicht ein riesiges kulturelles Vorhaben am Beginn des dritten Jahrtausends? Ein Monument der Humanität für die gesamte Menschheit in unserem Deutschland! Ein Beispiel für die Welt.

Stattdessen quälen wir uns mit dem Problem der Verdrängung einheimischer Bedürftiger aus Sozialwohnungen, stopfen den Herstellern von Notunterkünften Geld in den Rachen und schaffen eine neidvolle Konkurrenz auf unterem Sozialniveau.

Auch dies führt zu Verwerfungen.

Es liegt an uns, ob wir diese Krise als Chance begreifen oder uns im Kleinen verheddern. Da brauchen wir aber nicht die Beteuerung, der Staat nehme die Ängste der Bürger ernst, sondern die Verwirklichung eines Plans, der Ängste gar nicht erst aufkommen lässt. Könnte es sein, dass wir keine Angst vor den Flüchtlingen haben, sondern vor der Handlungsunfähigkeit unserer politischen Führung?

Einen breiten Graben überwindet man nicht mit zwei Sprüngen.

Man muss einen weiten wagen.

Auch bei der Behandlung dieses Themas sind Tabuisierungen kontraproduktiv. Was soll der Eiertanz um den Begriff der *Obergrenze*? Selbstverständlich gibt es eine solche. Sie ist keine Zahl. Sie ist das Leistungsvermögen der aufnehmenden Gesellschaft. Wenn wir ehrlich sind, ersetzen wir das Wort *Leistungsvermögen* durch *Leistungsbereitschaft*.

Diese Leistungsbereitschaft ist umso höher, je reibungsloser der Integrationsprozess funktioniert. Auf den ersten Blick könnte man meinen, es liege ausschließlich an den Ankömmlingen, ob sie sich integrieren oder nicht. Beschäftigt man sich aber intensiver mit der Materie, so erkennt man: Die Leistungsbereitschaft unserer Gesellschaft sinkt hauptsächlich deshalb, weil die von uns angewendeten Integrationsmechanismen nicht effizient genug sind. Das zu ändern, ist unser Problem, nicht dasjenige der Flüchtlinge.

Wir wissen, dass die weitaus meisten der zu uns Flüchtenden keine Asylanten sind, die vor politischer oder weltanschaulicher Verfolgung fliehen, sondern Menschen, die wegen bedrückender Perspektivlosigkeit ihre Heimat verlassen und ihr Lebensglück dort suchen, wo sie es zu finden hoffen. Der Ruf Deutschlands in der Welt als Sehnsuchtsort der Bedrückten und Verfolgten sollte uns keine Last sein, sondern ein Grund, auf unseren Staat und unsere Gesellschaft stolz zu sein. Als Wirtschaft, die vom Export lebt und deshalb auf die Akzeptanz in der Welt angewiesen ist, stellt dieses Image einen unbezahlbaren Wettbewerbsvorteil dar. Die US-Amerikaner werden in nicht allzu weiter Sicht feststellen, als welch kapitaler Rohrkrepierer sich trotz ihrer unvergleichlich höheren Wirtschaftskraft die Parole *»America first«* erweist.

Warum haben wir also nicht schon längst ein Einwanderungsgesetz, das außerhalb des Asylrechts die Integration dieser »Wirtschaftsflüchtlinge« regelt?

Was hindert uns, in zentralen Aufnahmeeinrichtungen an den betroffenen Grenzübergängen die Identitäten der hereindrängenden Menschen festzustellen und sie dann dahin zu verteilen, wo sie gebraucht werden? Warum wenden wir Regelungen an, die einem Migranten Vorteile verschaffen, wenn er seine Identität verschleiert und seine Personalpapiere verschwinden lässt? Warum ermöglichen wir es auf diese Weise, dass in dem Strom der ihr Glück suchenden Menschen Terroristen in unser Land sickern?

Warum verschließen wir unsere Augen vor der Realität und kleben an nicht durchsetzbaren Prinzipien?

Nehmen wir den Fall des LKW-Attentäters vom Weihnachtsmarkt in Berlin. Unsere Diskussion dreht sich um die Frage, warum dieser Mann nicht »rechtzeitig« nach Tunesien abgeschoben wurde. Natürlich muss diesem »Behördenversagen« nachgegangen werden. Aber wäre das Problem nur ansatzweise gelöst worden, wenn Amri abgeschoben worden wäre? Nein, es wäre verlagert und verzögert! Wie naiv muss man sein, um nicht zu erkennen, dass ein in ein nicht funktionierendes Staatswesen Abgeschobener ein potentiell Wiederkehrender ist?

Wir lösen Probleme nicht, indem wir sie von uns wegschieben. Dazu ist unsere Erde zu klein geworden. Weil wir in unserer eigenen Argumentation nicht geradlinig sind, kommen wir zu falschen Lösungsversuchen mit fatalen Folgen:

In Griechenland und Italien verlieren Migranten auf dem Weg übers Meer oder in den Elendsquartieren Leben und Hoffnung, während bei uns die aus dem Boden gestampften Flüchtlingsunterkünfte leer stehen. Wir schieben Menschen ab, die sich erfolgreich integriert haben. Wir zerstören unser Image als humane Gesellschaft, als Sehnsuchtsland. Dass wir dadurch unsere vielbeschworenen gemeinsamen Werte, die Europa zusammenhalten, verraten und über Bord werfen, wird uns alle noch teuer zu stehen kommen, fürchte ich.

Welches sind diese Werte? Sagt es noch einer, oder setzen wir sie als so bekannt voraus, dass man sie nicht mehr benennt, bis sie namenlos geworden sind?

Nein, es sind nicht Demokratie und Rechtsstaat. Diese Einrichtungen sind die Folgen dieser Werte.

Freiheit, Gleichheit, Brüderlichkeit, Respekt vor der

Würde jedes einzelnen Individuums, egal welcher Nation, Religion oder Rasse es angehört! Abscheu vor Krieg und Gewalt und die Bereitschaft und Fähigkeit, Interessenskonflikte auszudiskutieren und zu einem Kompromiss zu finden. Das sind unsere gemeinsamen Werte! Europa hat mit vielen Millionen Toten dafür bezahlt, um zu dieser Einsicht zu gelangen. Sind wir dabei, dies alles zu vergessen?

Geschichtsvergessenheit

Das Verhalten der *westlichen Welt* ist absolut gegenwartsbezogen. Taucht ein Problem auf, setzen wir unsere heutigen Maßstäbe und Methoden an, um es zu bewältigen.

Dies wäre kein Problem, wenn die übrige Welt genauso ticken würde: Es wäre Vieles nicht so kompliziert.

So ist es aber nicht und noch schlimmer: Wir können es weder erzwingen, noch erwarten.

Leider handelt es sich bei dieser Erkenntnis nicht um eine theoretische Betrachtung. Unsere Geschichtsvergessenheit führt zu dramatischen Fehlentscheidungen.

Einige Beispiele, keinesfalls eine nur annähernd abschließende Aufzählung:

Würden wir die Auseinandersetzung mit dem Islam so führen, wie wir es tun, wenn uns klar wäre, dass es sich um einen Kampf zwischen Sunniten und Schiiten und anderer innerislamischer Sekten handelt und nicht zwischen Moslems und Christen?

Stellen Sie sich vergleichbar vor, was geschehen wäre, wenn muslimische Truppen im dreißigjährigen Krieg auf Seiten der Protestanten (Fürsten) oder Katholiken (Kaiser) eingegriffen oder sich bereits zuvor bei Calvin auf eine Seite geschlagen hätten.

Sind wir uns dessen bewusst, welchen unschätzbaren Beitrag zu unserer Kultur islamische Wissenschaftler geleistet haben? Dass wir den beiden mittelalterlichen Ärzten und Philosophen Ibn Ruschd und Ibn Sina die Übermittlung des aristotelischen Denkens verdanken und dass es ohne sie keinen Thomas von Aquin hätte geben können?

Oder betrachten wir Pakistan und Indien. Wir bezeichnen Indien als die größte Demokratie der Welt und verbannen die unsagbaren Menschenrechtsverletzungen des dort immer noch unangefochten herrschenden Kastenwesens aus unserem Bewusstsein. Allein die Tatsache, dass Pakistan eine Atommacht ist, hält uns davon ab, offen Partei für Indien zu ergreifen. Beim Iran, dem Erben des Perserreiches, haben wir diese Hemmungen nicht und lassen unserer Überheblichkeit freien Lauf. Und dann wundern wir uns, dass dieser Staat nach der Atomwaffe strebt.

Richten wir unseren Blick nach Russland. Über die Leidensfähigkeit dieses Volkes noch weitere Worte zu verlieren, hieße Eulen nach Athen tragen. Gorbatschow in seiner Not prägte das Bild vom Haus Europa, in dem auch Russland ein Zimmer beanspruche. Mit welch fahrlässiger Arroganz haben wir diese Chance vertan. Wir haben uns über Jelzin und seinen Alkoholkonsum lustig gemacht wie dumme Kinder und wundern uns, dass sich Russland enttäuscht einem Putin zuwendet, der den verletzten Stolz durch nationale Muskelspiele heilt.

Oder betrachten wir den Balkan: Die Serben bildeten über Jahrhunderte das europäische Bollwerk gegen Angriffe der Osmanen. Muslime zu erschlagen, war ihre Aufgabe als vorgeschobener Posten vor der christlich abendländischen Metropole Wien. In der Schlacht auf dem Amselfeld (Kosovo polje) haben sie im Jahre 1389 das

Abendland gerettet und ihren eigenen Staat verloren. Wie dankt es Europa?

Schauen wir in die Türkei. Als sie verbündet mit Deutschland den ersten Weltkrieg verlor, diktierten die Siegermächte parallel zu dem fatalen Vertrag von Versailles gegen Deutschland gegen die Türkei den beschämenden Frieden von Sevres (1920). Dagegen standen die Türken unter Führung von Kemal Pascha (Atatürk) auf. Sie holten sich die kleinasiatische Ägäis-Küste zurück, schafften Sultanat und Kalifat ab und errichteten eine Republik.

Nach dem zweiten Weltkrieg trat die Türkei der NATO bei (1952) und ist seit 1964 der EG assoziiert. In der Folgezeit versuchten die aufgeklärten Kräfte in der Türkei, ihr Land in die europäischen Gemeinschaften zu führen. Europa lehnte in üblicher Arroganz ab.

Heute reiben wir uns erstaunt die Augen, dass die Türkei eine Regierung hat, die ihren Blick von Europa abwendet. Jetzt, wo wir die Türkei wegen ihrer Nachbarschaft zu Syrien dringend benötigen, rächt sich unsere Überheblichkeit. Darf es uns wirklich überraschen, wenn wir eine Rechnung präsentiert bekommen?

Welch geopolitischen Brückenschlag hat Europa in seiner maßlosen Selbstgefälligkeit durch die Ausgrenzung der Türkei versäumt. Europa, das geografisch nur einen Wurmfortsatz, ein Kap, am Kontinentalkörper Asiens (Paul Valèry) ausmacht und dem es in Erinnerung seiner eigenen Geschichte (z.B. Kolonialisierung und zwei Weltkriege) gutstünde, bescheidener zu sein. Die Folgen zeigen sich schon.

Dies sind nur Beispiele. Wobei es doch auf der Hand liegt, dass Europa seine Zukunft nur zusammen mit Russland und der Türkei gestalten kann.

Wie geschichtslos darf Politik sein?

Dazu passt, dass wir bei der Ausbildung unserer Jugend vom Humboldt'schen Bildungsideal abgerückt sind.

Unsere Schulen legen kein über alle Ausbildungswege hinweg gemeinsames Fundament, sondern beginnen, berufsspezifische Fertigkeiten möglichst früh zu vermitteln. Damit vernichten sie das Wurzelgeflecht unserer Gesellschaft: Gemeinsames Grundwissen.

Ich habe drei Kinder, die das Bildungssystem bis zum akademischen Abschluss durchlaufen haben. Wenn ich fragen würde, was es mit dem »*Zug der Zehntausend*« auf sich hat, immerhin ist die *Anabasis* eine zentrale Lektüre humanistischer Bildung, würde die Eine antworten »weiß ich nicht«, die Andere, »das ist mir egal« und der Dritte »aber das sind doch viel mehr als zehntausend, die da kommen.«

In ihren Berufen sind alle drei tüchtige Leute.

In meiner Schulzeit sah ich einen gewissen Widerspruch, dass die Übersetzungen von Platons *Symposion* und Senecas *De Brevitate Vitae* mit den Noten *Sehr gut* bis *Ungenügend* bewertet wurden, während der Inhalt des übersetzten Textes dem System der Leistungsbewertung widersprach. Diogenes und seine Verachtung für jeglichen überflüssigen Wohlstand wurde als Vorbild gelehrt, und draußen vor dem Schultor boomte das Wirtschaftswunder und wuchsen die Müllberge.

Gleichwohl war diese verinnerlichte Doppelmoral ein brauchbares Rüstzeug für das Leben.

Heute wollen wir unsere Kinder vor Doppelmoral bewahren und verunglimpfen diese als verlogen. Dazu wählen wir den Weg, die störende Moral erst gar nicht mehr zu lehren. Das Ziel der schulischen Ausbildung ist nicht mehr die Vermittlung einer möglichst breiten Bildung, sondern die Ausbildung von Fähigkeiten, *die man im Leben auch brauchen kann.* Die Bewertung der Nützlichkeit dieser Fertigkeiten wird dabei an dem Potenzial, Geld zu verdienen, gemessen.

Wenn wir über unsere Schulen diskutieren, geht es um Vereinheitlichung und Chancengleichheit. Selbstverständlich ist es erforderlich, angesichts der Mobilität der Menschen, in allen Bundesländern kompatible Schulen zu haben. Ausdrücklich notwendig ist es, den Zugang zu akademischer Ausbildung vom Einkommen der Familien, denen die Kinder entstammen, abzukoppeln.

Ist es aber intelligent, unter dem Deckmantel der Chancengleichheit die Qualität und die Anforderungen so weit herunterzuschrauben, dass die Noten *Sehr gut* und *Gut* die einzigen sind, die von Schülern und Eltern widerspruchslos hingenommen werden, und die Universitäten ein bestandenes Abitur nicht mehr als Zugangsdokument akzeptieren, sondern eigene Eingangsprüfungen für die verschiedenen Fakultäten abhalten?

Ist es intelligent, eine Gesellschaft von Spezialisten heranzubilden und das allgemeine, gemeinsame Fundament immer weiter zu minimieren?

Ist es intelligent, selbst unter Berücksichtigung des explodierenden Volumens nur noch Gegenwartswissen zu vermitteln und die Wurzeln verrotten zu lassen?

Liegt hier nicht ein Sprengsatz für unsere Gesellschaft?

Entsteht womöglich ein paralleles, privates Schulsystem für Kinder aus Familien, die es sich leisten können? Erreichen wir durch unsere missglückten Reparaturen genau das Gegenteil des Angestrebten?

The German Angst

Mit Ängstlichkeit auf politische und wirtschaftliche Entwicklungen zu sehen hat einen Namen bekommen: *The German Angst.*

Ich bin kein Psychologe. Angst aber, das gilt als gesichert, hat derjenige, der die Füße nicht auf dem Boden hat, der meint, ihm werde der Boden unter den Füßen weggezogen.

Man kann eine konkrete Gefahr fürchten und je nach eigener Kraft und eigenem Temperament sich unterwerfen, flüchten oder sich stellen und kämpfen. Angst aber hat keinen greifbaren konkreten Anlass. Sie ist das amorphe Gefühl des generell bedrohten Seins.

Wir Deutsche sind durch unsere Geschichte kollektiv sensibilisiert, auch wenn es der Einzelne nicht zuordnet: Während sich die Nationalstaaten um uns herum formten und Zeit hatten, sich zu entwickeln, waren die deutschen Lande durch den dreißigjährigen Krieg verwüstet, die Hälfte der Bevölkerung ausgerottet und der Rest zweihundert Jahre zu geschwächt, um Zukunft zu gestalten. Unsere Geschichte wurde im Jahre 1618 unterbrochen und begann erst wieder nach der Völkerschlacht bei Leipzig im Jahre 1813. Die dann beginnende Aufholjagd, die letztlich in der Katastrophe 1945 endete, kennt keine Parallelen.

Wir sind sensibilisierter als andere. Mit Recht wenden Sie

deshalb ein: Wie soll man denn keine Angst haben, wenn die Erde wegen der Überbevölkerung vor die Hunde geht und wegen des bedenkenlosen Raubbaus am Planeten vor dem globalen Burnout steht?

Wenn die Probleme uns über den Kopf gewachsen sind, der Kampf ums Wasser absehbar, der Krieg um Bodenschätze sogar unter dem Polareis geführt wird und die gestaltenden Kräfte dieser Erde sich einen Dreck darum kümmern, sondern lediglich Placebo–Gipfel abhalten, um sich und die verängstigte Öffentlichkeit zu beruhigen? *Alles im Griff auf dem sinkenden Schiff!*

Wie soll man keine Angst haben, wenn sich überall Menschen auf den Weg machen, um Armut, Verfolgung und Elend zu entfliehen, und eine Völkerwanderung droht, die an Ausmaßen einzigartig ist und ein Vielfaches von derjenigen sein wird, die das Imperium Romanum zum Einsturz brachte?

Wie sollen wir keine Angst haben, wenn um uns ein Terror tobt, der sich an keine Regeln hält und den wir mit keinen Argumenten erreichen?

Wie sollen wir keine Angst haben, wenn einzelne Gierige mit Spekulationen ganze Währungen und unsere finanzielle Vorsorge in Gefahr bringen?

Also ist die Angst doch berechtigt, oder?

Richtig!

Wir haben Angst vor den Problemen, weil wir uns ihnen nicht stellen, und wir stellen uns ihnen nicht, weil wir uns nicht zutrauen, sie zu bewältigen. Wir fühlen uns ohnmächtig ausgeliefert.

In früheren Zeiten brachten die Menschen in solchen Situationen den Göttern Opfer dar und erflehten ihre Hilfe.

Diesen Weg der Beruhigung haben wir uns verstellt, weil wir an Götter nicht mehr glauben. Geht es denn nicht auch den Religionsführern nur um die Macht ihrer Religionen? Glaubt der Papst an einen Gott? Wir sind nicht sicher.

Was tun wir?

Wir verdrängen. Wir trennen den Müll in gelbe, blaue und sonst was Säcke. Wir pferchen Flüchtlinge, die meinen durch ihre Flucht die Freiheit erreicht zu haben, in Wohncontainer zusammen, machen entmündigende Vorschriften und erwarten Dankbarkeit. Wir bejammern das Schicksal derjenigen, die im Mittelmeer ertrinken und streiten darum, welche Kontingente für jedes Land noch akzeptabel sind. Wir schicken Raketen in die Nester der Terroristen und wissen genau, dass für jeden Getöteten mehrere nachwachsen.

Wir stehen im Badezimmer unseres Hauses und sind uneins, mit welchem Putzmittel der Spiegel streifenfrei zu halten ist, während der Dachstuhl in lodernden Flammen steht.

Wir wissen um die Vergeblichkeit unserer Bemühungen und haben Angst.

Da niemand Angst auf Dauer aushalten kann ohne in Depressionen zu verfallen, lenken wir uns ab. Eine Unterhaltungsindustrie, deren Niveau ins Bodenlose sinkt, ergötzt uns. Wir teilen den Jahresablauf in Karnevalszeit, Ostersaison, Urlaubswochen und Weihnachtsstress. Wir beteiligen uns am Wettlauf nach Geld und Geltung, der unsere Tage füllt und stellen irgendwann fest, dass wir in die falsche Richtung gelaufen sind. Wir wachen auf und haben wieder Angst.

Ist das intelligent?

Zunächst einmal: Wir haben allen Grund, Angst zu haben und der Spott über *German Angst* ist ablenkend und dümmlich.

Aber müssen wir wirklich sehenden Auges an diesen Aufgaben scheitern?

Angst besiegt man durch gemeinsame, zielgerichtete Tätigkeit zur Gefahrenabwehr. Kompliziert wird die Sache, weil die Probleme, die uns ängstigen, nur von der Weltgemeinschaft insgesamt mit Aussicht auf Erfolg angegangen werden können, und weil viele andere Nationen von der *German Angst* noch nicht befallen sind.

Wir sollten uns also unserer Angst nicht schämen, sondern die übrige Welt damit anstecken.

Weil die staatlichen Gebilde unserer Erde bisher in so hohem Maße versagen, haben sich nichtstaatliche Organisationen (NGOs) organisiert, um auf diese Versäumnisse aufmerksam zu machen. Diese können auf Probleme hinweisen. Sie können auch punktuell helfen. Besser als nichts, werden Sie sagen.

Aber ist das intelligent?

Greenpeace kann weder die Verschmutzung der Weltmeere verhindern, noch die Abholzung des Regenwaldes stoppen.

Ärzte ohne Grenzen können weder die katastrophalen hygienischen Bedingungen, die zum Ausbruch der Seuchen führen, noch den Geburtenanstieg verändern. *Misereor, Adveniat* und *Brot für die Welt* können weder Hungersnöte noch Analphabetismus ausrotten.

Alle diese Organisationen können kämpfen wie die Berserker und befinden sich doch in der Situation von Sisyphos, dem der Stein, den er den Berg hochwälzt, immer wieder hinabrollt.

Ich rede die Leistungen dieser Menschen nicht klein. Sie verdienen jeden Respekt. Aber es ist kein Lösungsansatz.

Wir müssen unsere *German Angst* in die Welt hinaustragen. Sie ist das Ergebnis bitterer Erfahrung.

Es ist für das Selbstbewusstsein unserer eigenen Gesellschaft wichtig. Wir sind nicht ohnmächtig, sondern Träger einer Botschaft.

Die deutsche Gesellschaft hat gezeigt und bewiesen, dass man sich aus einer Katastrophe wie dem Naziregime neu gründen kann. Die deutsche Gesellschaft hat gezeigt und bewiesen, dass sich zwei gegeneinander gehetzte Teile friedlich vereinen können und dass man die Kultur und Erfahrung anderer nutzen kann (*Mirabeau: Wir sind das Volk!*).

Die deutsche Gesellschaft hat gezeigt und bewiesen, dass dies alles in Freiheit und Wohlstand ohne Konstruktion eines Feindbildes zu bewirken ist.

Die deutsche Gesellschaft ist dabei, zu zeigen und zu beweisen, dass Menschen unterschiedlicher Herkunft, Kultur und Religion friedlich zusammenleben können. Sie ist auch dabei, zu zeigen und zu beweisen, dass wirtschaftliche Prosperität und schonender Umgang mit der Umwelt vereinbar sind.

Die deutsche Gesellschaft überrascht die Welt mit ihrer Bereitschaft und Fähigkeit, durch Katastrophen in Not geratenen Menschen über alle Grenzen hinweg zu helfen und sogar bei sich aufzunehmen.

Betrachten nicht viele Gesellschaften unserer Erde die unsere mit Aufmerksamkeit und entnehmen Anregungen für ihre eigene?

Der Staat beäugt diese dynamische gesellschaftliche Entwicklung misstrauisch und ist damit beschäftigt, zu kanalisieren, zu regulieren, zu kontrollieren und eventuelle Verdienste auf seinem Haupt zu sammeln. Wir müssen diesen Weg weitergehen und dürfen nicht stehenbleiben. Dazu müssen wir unsere Gesellschaft im Inneren stärken und neu verfassen.

Deutschland hat seine Währung auf den Altar Europas gelegt und dadurch die Voraussetzung für eine weitere Entwicklung geschaffen.

Die deutsche Gesellschaft hat erkannt und verinnerlicht, dass wir nur eine einzige Erde haben und diese Erde nur gemeinsam erhalten können. Die deutsche Gesellschaft wird zerbrechen, wenn der Staat und seine Politik hinter ihren hohen und berechtigten Ansprüchen zurückbleiben.

Was heißt das konkret?

Das Verhältnis zwischen Staat und Gesellschaft ist neu zu ordnen.

Grundlage muss eine vertrauensvolle Schicksalsgemeinschaft sein.

Der Staat muss sich als ein Instrument der Gesellschaft begreifen. Die Gestaltungsmöglichkeiten der Gesellschaft müssen ausgebaut und robust konstruiert werden.

Könnten wir uns dabei nicht an der eidgenössischen Verfassung der Schweiz orientieren?

Die Einbettung in die internationale Gemeinschaft muss über die bisherigen Grenzen hinausgehen. Denn Grenzen bedeuten immer auch Ausgrenzung. Wir haben die Organisation der Vereinten Nationen (UNO). Sind nationale Außenpolitiken innerhalb einer Weltinnenpolitik noch sinnvoll? Der gegenwärtige Ukraine-Konflikt zeigt exemplarisch, dass nationale Außenpolitiken dazu einladen, von Kräften, die in vermeintlich überholten Macht- und Interessensstrukturen denken und handeln, gegeneinander ausgespielt zu werden. Die Gewalt im Nahen Osten ist mit einem Bombenkrieg nicht zu beenden. Im Gegenteil: Wir liefern die Rechtfertigung für den Terror in unseren Städten. Sollten Kompetenzen der Außenpolitik nicht vernünftigerweise an die UNO abgetreten werden?

Sollte die Verteidigungspolitik nicht aufgespalten werden in die Fähigkeit, das eigene Territorium zu schützen und in auswärtige Brandherde einzugreifen? Die einzige verfassungsgemäße Aufgabe der Bundeswehr ist es, die deutsche Gesellschaft zu verteidigen. Dazu hat sie das Recht, Bürger zum Dienst zu verpflichten.

Sollte die Kompetenz für darüberhinausgehende Einsätze nicht besser an die UNO abgetreten werden? Hierfür könnten Einheiten aus Freiwilligen innerhalb der Bundeswehr vorgehalten werden, die zu solchen Einsätzen nach Anforderung abgestellt werden. Dann wären unglaubwürdige Argumente überflüssig, die die Gesellschaft spalten *(Deutschland wird am Hindukusch verteidigt).*

Gleiches ist für Kompetenzen der globalen Umweltpolitik und der Entwicklungshilfe zu entscheiden.

Damit würde die UNO den Status eines internationalen Debattierclubs überwinden und mit eigener Macht ausgestattet werden.

Sie sagen, das machen andere Staaten auch nicht. Die UNO ist darauf noch nicht vorbereitet. Wir wären der erste.

Na und? Was haben wir zu verlieren?

Es gibt die Institution der Vereinten Nationen. Es ist höchste Zeit, sie mächtig zu machen. Wenn nicht aus besserer Einsicht, dann aus schierer Not. Viel Zeit dafür haben wir wohl nicht mehr. Bei diesem Alleingang haben wir nichts zu verlieren und alles zu gewinnen. Vielleicht folgen andere Staaten nach, wenn *German Angst* zu *Global Angst* geworden ist.

Dem römischen Staatsmann Cato dem Älteren wird nachgesagt, er habe jede seiner Reden zu welchem Thema auch immer mit den Worten beschlossen: *Ceterum censeo, Carthaginem esse delendam.* Wir kennen das Ergebnis: Karthago wurde zerstört.

Man möchte wünschen, die Staatsmänner unserer Zeit würden ihren Reden mit der gleichen Hartnäckigkeit den Zusatz anhängen: *Ceterum censeo, orbem terrarum esse servandum.* Vielleicht können wir den Erdkreis wirklich bewahren.

Alles zu simpel

Sie werden jetzt möglicherweise sagen: Gut und recht, aber so einfach ist es ja nun auch wieder nicht.

Als ich mein erstes juristisches Staatsexamen bestanden hatte, lud unser Professor Dr. Peter Lerche, ein international renommierter Rechtsgelehrter und Inhaber des Lehrstuhls für öffentliches Recht an der Ludwig-Maximilians-Universität München, sein Seminar zu einem Umtrunk ins *Schwabinger Löchl* ein. Er hielt eine kleine Rede, die er mit den Worten begann: »*Die situative Befindlichkeit der momentanen Gegebenheiten* ...« Ich, ein Bauernbub, der gerade ein nach eigener Meinung ganz passables Examen hingelegt hatte, prustete los. Professor Lerche schaute mich indigniert an, und ich erlaubte mir die freche Bemerkung: »Geht es nicht noch komplizierter?« Das war ungezogen, aber ehrlich.

Eine Gesellschaft zusammenzuhalten ist kein akademisches Planspiel. Dazu ist das Risiko eines Fehlschlags viel zu hoch. Zwingende Voraussetzungen für das Gelingen sind gemeinsame Ziele, Glaubwürdigkeit und Plausibilität. Diese stellen sich ein, wenn die Regeln allgemein verständlich sind und von einer breiten Mehrheit getragen werden. Es genügt nicht, die aktuell aktivste und lauteste Lobby zu befriedigen und das System permanent weiter zu komplizieren. Es genügt auch nicht, Probleme, die nicht bewältigbar scheinen, auf die lange Bank zu schieben. Schon gar nicht genügt es, in Reden die Probleme aufzuzeigen und zu beschreiben und keine Taten folgen zu lassen. Heuchelei ist ein Vorwurf, der das Zusammenleben in allen Teilen vergiftet.

Einer Gesellschaft sieht man nicht an, wann sie explodiert. Der Ausbruch kann durch ein unbedeutendes Ereignis ausgelöst werden, wenn die übrigen Voraussetzungen gegeben sind.

Revolutionen brechen nicht deshalb aus, weil es den Menschen schlecht geht, sondern dann, wenn die Leute davon überzeugt sind, dass das Regime die Orientierung verloren hat und einer Besserung im Wege steht.

Sind Sie so sicher, dass diese Grundstimmung in Europa nicht vorhanden ist?

Bereits die Studentenunruhen im Jahre 1968 waren international. Ausgehend von Paris erreichten sie Deutschland und setzten sich bis Prag fort. Diese Ereignisse liegen fast fünfzig Jahre zurück. Der »arabische Frühling« fegte ohne Vorwarnung mehrere Regime hinweg, die glaubten, fest im Sattel zu sitzen. Bei den heutigen technischen Möglichkeiten der Kommunikation kann sich ein Sturm innerhalb weniger Stunden über alle nationalen Grenzen hinweg entwickeln.

Die europäischen Gesellschaften sind nicht so stabil, wie sie an der durch relativen Wohlstand gekleisterten und geglätteten Oberfläche erscheinen.

Papst Franziskus, ein Argentinier, beschrieb in seiner Rede vor dem europäischen Parlament Europa in diplomatisch väterlichem Ton, aber mit nur mühsam unterdrückter

Wut als alte unfruchtbare Großmutter. Den geschichtsver-
gessenen Parlamentariern hätte der Schrecken durch ihre
Glieder fahren müssen ob dieses historischen Vorwurfs.

Die Menschen sind intelligenter und einsichtiger, als sie
von den Organisatoren unserer Demokratien gehalten werden. Sie nehmen es hin, dass demokratische Wahlen nicht
durch Abwägung sachlicher Argumente der um Stim-
men kämpfenden Kandidaten, sondern durch inhaltsleere
Kampagnen smarter Werbeagenturen vorbereitet werden.
Dieses oberflächliche Vorgehen wird dem Anspruch einer
freiheitlichen Gesellschaft nicht gerecht und ist brandgefährlich. Nur der Reife und Vernunft der Gesellschaft ist es
zu verdanken, dass sie toleriert, von ihren Repräsentanten
nicht für voll genommen zu werden. Wie lange wohl noch?

Die Konsequenzen, wenn eine Gesellschaft auseinander-
fällt, sind unkalkulierbar. Das lehrt uns die Geschichte.
Und sie lehrt uns noch etwas: Mit der Verschärfung der
Gesetze kann eine solche Entwicklung nicht verhindert
werden.

Niccolo Macchiavelli hat vor über fünfhundert Jahren
die Feststellung getroffen, dass es ein allgemeiner Fehler
der Menschheit ist, nicht in den Zeiten der Meeresstille mit
dem Sturm zu rechnen.

Hören wir doch und schaffen intelligente Regeln – einfach,
ohne Tricksereien und für jeden durchschaubar, solange die
Meeresstille es zulässt. Bauen wir ein robustes Schiff, das
in den sicher kommenden Stürmen nicht zerbricht! Robust
heißt, dass der Eigner des Schiffes die Belegschaft ist, und
jedermann an Bord sich zur Belegschaft zählt.

Dies ist nicht alternativlos – aber die Alternative ist
fürchterlich.

Quod erat demonstrandum

Während ich diesen Essay abschließe, finden auf den Straßen und Plätzen Demonstrationen und Gegendemonstrationen statt. Nicht alle diese Demonstranten sind verbohrte Egozentriker.

Manche von ihnen befürchten, dass die Regisseure im Land Kontrolle, Überblick und Richtung verloren haben und ihre Worte dem Pfeifen eines verängstigten Kindes im dunklen Keller gleicht.

Alle etablierten Parteien und die Presse, also das ganze Theater haben nichts unversucht gelassen, die Menschen davon abzuhalten, hinter den Pegida–Parolen herzulaufen. Verwundert reiben sie sich die Augen, weil sie erkennen, dass sie alle gemeinsam keinen Einfluss auf so viele Menschen haben. Im Gegenteil: Je mehr das Establishment die Demonstranten als Verlierer, Benachteiligte, Dummköpfe, ja als *Pack* brandmarkt, umso mehr steigt die Zahl der Teilnehmer an, und umso vielfältiger werden die Protestthemen. Städte und Kirchen verdunkeln die herrlichen Fassaden ihrer Gebäude, um den Demonstranten ihre eigene Finsternis vor Augen zu halten. Mit aggressivem Spott reagieren diese auf solche Maßnahmen.

In Köln wurde die Kandidatin für das Amt des Oberbürgermeisters von einem politischen Wirrkopf schwer verletzt. Alle gestaltenden Kräfte haben die Wähler aufgefordert, als angemessene Antwort darauf an dieser Wahl teilzunehmen. Die Wahlbeteiligung blieb unter vierzig Prozent.

Die Griechen haben gegen alle wohlmeinenden und besserwissenden Ratschläge aus Europa wieder die äußerste Linke gewählt, und diese hat mit der äußersten Rechten eine gemeinsame Regierung gebildet. Die Wahl ist die trotzige Antwort der griechischen Gesellschaft auf nicht genügend öffentlich ausdiskutierte Auflagen für die Hingabe von Krediten und auf die Privilegierung der reichsten Gesellschaftsschicht durch die eigene Regierung. Die Auswirkungen auf den Zusammenhalt der europäischen Gemeinschaft sind unabsehbar. Haben die Griechen Erfolg, könnten weitere ihrem Beispiel folgen. Haben sie keinen Erfolg, kommt die eigene Gesellschaft in höchste Gefahr.

In Frankreich beobachtet man hilflos das Erstarken der nationalistischen Rechten um Marine Le Pen. Sie habe das Gesicht eines Engels, aber das Herz eines Teufels, sagen ihre Gegner. Ist das ein politisches Argument?

In Polen und Ungarn sind Regierungen gewählt, als habe es das letzte Jahrhundert mit dem Versagen der Nationalstaaten nicht gegeben.

In den Vereinigten Staaten wurde ein Präsident von einer Welle des Trotzes gegen das Washingtoner Establishment in das Weiße Haus getragen, der Amerikas Mitverantwortung für das gemeinsame Wohl der Völker dieser Erde aufkündigt.

Das Vereinigte Königreich steht vor dem Austritt aus der Europäischen Gemeinschaft.

Die Flüchtlingsströme haben Europa erreicht. Millionen

machen sich auf den Weg. Menschen, die vor Krieg und Armut fliehen, woran unsere Politik nicht unschuldig ist. Europa schwankt tatenlos zwischen eigenem Anspruch und verzagtem Egoismus. Unsere Regierung ist dabei, die Politik der ersten Monate zu verlassen und übertrifft sich mit Vorschlägen, die zunächst aufgenommenen Migranten wieder abzuschieben.

Wir sehen die Finger der Hand, die auf die weißgetünchte Wand unseres Hauses die Feuerzeichen *Mene tekel u-parsin* schreibt. König Belschazzar, so berichtet das Buch, erbleichte, und seine Gedanken erschreckten ihn. Seine Glieder wurden schwach, und ihm schlotterten die Knie. Der König schrie laut, man solle die Wahrsager, Chaldäer und Astrologen holen.

Wir brauchen solche Helfer nicht. *Gezählt, gewogen und zu leicht befunden,* so muss es nicht kommen. Werfen wir doch unseren Verstand in die Waagschale!

Weitere Titel des Autors

Hermann Severin ; Heuschreckentanz; ISBN 978-3-7448-2364-7

Mit intelligenter Raffinesse betrügen Unternehmensberater, Vorstände und Aufsichtsräte mit Hilfe der Banken den Familienunternehmer Mark Attelmann um seine Firma. Hilflos muss er zusehen, wie sein Vertrauen enttäuscht und ihm Unternehmen und Vermögen entzogen werden. Völlig legal. Ohnmacht und Wut bringen ihn dazu, mit Unterstützung eines afrikanischen Freundes den aussichtslosen Kampf aufzunehmen. Es beginnt ein roll back. Ganz und gar nicht legal.

Hermann Severin; Donaublut; ISBN 978-3-7431-3571-0

Eine vertraute kleine Stadt an der oberen Donau wird erschüttert. Was zunächst aussieht wie ein alltägliches Verbrechen, führt den Kommissar und die Gerichtsmedizinerin weit über ihre Grenzen hinaus. Die skrupellose Welt der Geldwäsche, des Menschenhandels und der internationalen Bandenkriminalität schwappt über die Mauern mitten in ihre Gesellschaft.

Wie die Menschen sich dieser Bedrohung stellen, wie sie über sich hinauswachsen und ihre Welt verteidigen, und was hinter den sorgsam gehüteten Fassaden zum Vorschein kommt, ist Gegenstand dieses faszinierenden Romans.